WILFRIED BUCHTA

SCHIITEN

WILFRIED
BUCHTA

SCHIITEN

DIEDERICHS KOMPAKT

Editorische Notiz

Bei fremdsprachigen, kursiv gesetzten Wörtern handelt es sich prinzipiell um die Transkription arabischer Begriffe. Bei Umschreibungen aus anderen Sprachen, wie dem Persischen, ist dies gesondert angegeben. Auf diakritische Zeichen wurde der besseren Lesbarkeit halber verzichtet.

Bibliografische Information der Deutschen Bibliothek

Die Deutsche Bibliothek verzeichnet diese Publikation in der Deutschen Nationalbibliografie; detaillierte bibliografische Daten sind im Internet über http://www.dnb.ddb.de abrufbar.

Umschlaggestaltung: Die Werkstatt München /
Weiss · Zembsch, München,
unter Verwendung eines Motivs der dpa
Infografik S. 8/9: Hans-Martin Julius, Dortmund
Produktion: Ortrud Müller
Satz: EDV-Fotosatz Huber/Verlagsservice G. Pfeifer,
Germering
Druck und Bindung: Druckerei Huber,
Garching-Hochbrück
Printed in Germany

ISBN 3-7205-2491-4

INHALT

EINFÜHRUNG 7

GEBURT UND GESCHICHTE DER SCHIA 13
Muhammad und die islamische Urgemeinde von Medina 13
Die Spaltung in Sunna und Schia 14
Die zwölf Imame der Schiiten 17
Das Konzept der »Großen Verborgenheit« . 23
Die Schia unter den sunnitischen Kalifen ... 25
Die Buyyidenherrschaft und die Entstehung des schiitischen Rechts 28
Die Durchsetzung der Schia im Iran unter den Safawiden 35
Die iranische Schia bis zu den Qadscharen .. 39
Die Ausformung des Schia-Klerus in Iran und Irak 41
Charakteristika und finanzielle Basis des Schia-Klerus 48
Die Schia im 19. Jahrhundert 51

GLAUBENSPRINZIPIEN, VOLKSFRÖMMIGKEIT UND THEOLOGIE 57
Schiitische Glaubensprinzipien und Unterschiede zur Sunna 57
Volksfrömmigkeit: Die Muharram-Passionsfeiern 61
Die Theologie der Schia 68

DER »GOTTESSTAAT« IRAN 73
Von der Mashrutiyyat-Bewegung zur Pahlavi-Monarchie 73
Khomeinis Revolutionierung des Schia-Islam 77
Die Schia-Kleriker an der Macht 81

Probleme und Grenzen des »Gottesstaates« 84
Der Reformprozess des Iran und die islamischen Reformdenker 90

Die Schia ausserhalb des Iran und ihre Renaissance im Irak 96
Die Schiiten in den arabischen Ländern und ihr Verhältnis zum Iran 96
Die irakische Schia 100
Die politisch-religiösen Kräfte der irakischen Schiiten 106

Anmerkungen 123
Der Autor 125
Register 126

Karte und Schautafeln

Schiiten (Karte) 8
Die zwölf Imame der Schiiten 20
Die Hierarchie des Schia-Klerns im Iran . . . 45
Die wichtigsten schiitischen Kräfte des Irak . 120

EINFÜHRUNG

Kaum ein Tag vergeht, ohne dass in der Medienberichterstattung über die Region des Nahen und Mittleren Ostens der Begriff »Schiiten« an prominenter Stelle auftaucht. Ihren Anfang nahm dieser Trend in den Jahren 1978/79 mit der von Ayatollah Ruhollah Khomeini geleiteten Revolution im Iran. Er setzte sich in den achtziger Jahren mit dem Bürgerkrieg und den Geiselnahmen im Libanon fort und erreichte mit den jüngsten Auseinandersetzungen um eine politische Nachkriegsordnung für den Irak nach der Beseitigung der Baath-Diktatur Saddam Husseins einen neuen Höhepunkt.

So unterschiedlich diese Geschehnisse durch ihre historischen Anlässe und soziopolitischen Begleitumständen auch sind, haben sie doch eines gemeinsam: Immer ging und geht es darum, dass eine islamische Religionsgemeinschaft, die Schia, in Auseinandersetzungen um Anerkennung oder Durchsetzung ihrer sozialen Rechte und politischen Machtansprüche verstrickt ist. Der daraus bei einigen westlichen Beobachtern erwachsene pauschale Eindruck, dass es sich bei der Schia um eine durchweg gewaltbereite, auf Revolution und Umsturz hin orientierte Richtung des Islam handelt, ist allerdings falsch. Richtig ist vielmehr, dass es Gründe für die Involvierung der Schia in die heutigen Konflikte gibt, die mit ihrer Entstehungsgeschichte als einer zumeist verfolgten, oppositionellen und politisch marginalisierten Minderheit im Islam zu tun haben. Diese Geschichte formte die Weltsicht der Schia und ihre Einstellung zu den bestehenden politischen und sozialen Ordnungen dauerhaft.

TÜRKEI
ARMENIEN
LIBANON
40
Tabriz
SYRIEN
10
ZYPERN
Samara
IRAK
60-65
Bagdad
Kerbela
Kufa
Najaf
ISRAEL
Amman
JORDANIEN
Basra
ÄGYPTEN
KUWEIT
30
Medina
Riad
SAUDI-ARABIEN
5
Mekka
SUDAN

aku
TURKMENISTAN
Aschchabad
RBAIDSCHAN
65-75
Maschhad
Teheran
IRAN
80-85
Qom
AFGHANISTAN
20
Isfahan
PAKISTAN
15-20
Schiraz
SCHIITEN
(Zwölferschiiten)
in Prozent an der
Gesamtbevölkerung
Die hier angegebenen Zahlen sind Schätzungen, da es – zum Teil aus politischen Gründen – in den meisten islamischen Ländern keine verlässlichen Daten zur Verteilung von Sunniten und Schiiten gibt.
QATAR
VER. ARAB.
EMIRATE
BAHRAIN
70
N
OMAN
JEMEN
500 km

In der Schia haben sich Religion und Politik ganz besonders eng verflochten, daher werden Beobachter allzu leicht verführt, die Schia nur als politische Kraft oder Akteur wahrzunehmen. Das vorliegende Werk führt in die religiös-kultischen, theologischen und sozial-historischen Grundlagen der Schia, aber auch in das Spektrum ihrer politischen Strömungen in den von Arabern und Iranern dominierten Teil der islamischen Welt ein. Beide Faktoren sind für das Verständnis der Schia als Akteurin in vielen gegenwärtigen politischen Konflikten wichtig.

Zugleich sollen einige verbreitete Vorurteile und Missverständnisse über die Schia ausgeräumt und korrigiert werden. Eines dieser Missverständnisse lautet, die Schia sei eine spezifisch iranische Spielart des Islam. Zwar wird gemeinhin der Iran mit der Schia gleichgesetzt – der schiitische Bevölkerungsanteil beträgt dort rund 80 bis 85 Prozent –, doch gibt es neben dem Iran auch andere Länder, deren Bevölkerungen mehrheitlich schiitisch sind, wie Bahrain (70 %), Aserbaidschan (65–75 %) und den Irak (60–65 %). Die Schia bildet auch die größte Bevölkerungsgruppe im Libanon (40 %). Beachtliche schiitische Minderheiten finden sich in Saudi-Arabien (5 %), Syrien (10 %), Kuweit (30 %), Afghanistan (20 %), Pakistan (15–20 %) und Indien. Insgesamt gibt es einschließlich der Diaspora weltweit rund 120 Millionen Schiiten.

Zwar ist der Iran das islamische Land, in dem die Schia, seitdem sie im Jahr 1501 durch die Safawiden zum ersten – und bislang auch einzigen – Mal zur offiziellen Staatsreligion erklärt wurde, eine bis heute in Politik, Kultur und Gesellschaft einzigartig mächtige Stellung innehat. Der Irak ist jedoch die eigentliche historische Wiege des schiitischen Islam. Auf irakischem Boden befinden sich nicht nur die zu heiligen Pilgerstätten gewordenen Grabschreine von sechs der zwölf Imame, der im Glauben der Schia einzig legitimen politisch-religiösen Führer der Muslime, hier entwickelte sich auch im Mittelalter die schiitische Theologie. Ebenso wie der Islam insgesamt ist die Schia also ein genuin arabisches Phänomen. Dies erklärt, dass fast die gesamte relevante Literatur der Schia auf Arabisch geschrieben wurde, und zwar auch von iranischen Geistlichen, deren Muttersprache Persisch ist. Arabisch ist bis auf den heutigen Tag die unangefochten wichtigste Theologensprache der Schia.[1] Die arabischen Schiiten stellen fast zwei Drittel der Gesamtbevölkerung des Irak.

Schia ist ein arabisches Wort und bedeutet »Partei«. Der Name Schiiten leitet sich ab von dem Begriff *shiat Ali* (»die Partei Alis«), womit man diejenigen bezeichnete, die in den Streitigkeiten um die Nachfolge des 656 ermordeten dritten Kalifen Uthman für die Sache des Vetters und Schwiegersohns des Propheten Muhammad, Ali ibn Abi Talib (geb. um 598), eintraten. Ursprünglich war die Schia eine Fraktion in einem politischen Machtkampf innerhalb der islamischen Urgemeinde (*umma*), dessen Kern der Streit um die Person ihres legitimen religiös-politischen Oberhauptes (*imam*, wörtlich: »Führer«, »Vorbeter«) darstellte. Allerdings entwickelte die im Streit unterlegene und in die Opposition gedrängte Fraktion im Laufe der Zeit, insbesondere ab dem 8. Jahrhundert, religiöse Besonderheiten, die über ihre politischen Entstehungsursachen hinausgingen und sie seither deutlich von den Anhängern der Siegerpartei, den so genannten Sunniten, unterscheiden. Der Begriff Sunniten, die heute die große Mehrheit der Muslime bilden, leitet sich ab vom arabischen Wort *sunna*, was gewöhnlich mit »Brauch«, »Usus« oder »Gewohnheit« übersetzt wird. Die Sunna meint die vorbildliche Praxis des Propheten Muhammad und seiner engsten Gefährten (*sahaba*) in allen Lebensbereichen. Sie ist für die sunnitischen Muslime verbindlich und liegt in Form von Überlieferungen der von vertrauenswürdigen Gewährsleuten tradierten Aussagen (*hadithe*) vor.

Zu den religiösen Besonderheiten der Schia zählen der Glaube an die alleinige Legitimität der Imame, eine darauf aufgebaute eigene Rechtsüberlieferung, bestimmte Eigenarten des Kultus, eigene Feste und Pilgerstätten, ein spezifisches religiöses Klima, das sich durch eine – bei den Sunniten unbekannte – Passionsfreudigkeit auszeichnet. Als besonderes Charakteristikum besitzt die Schia einen eigenen – bei den Sunniten nicht existenten – Geistlichenstand. Dennoch rechtfertigen die Unterschiede zwischen Sunniten und Schiiten, auf die noch einzugehen sein wird, nicht, von der Schia als einer eigenen Religion zu sprechen. Vielmehr handelt es sich um eine besondere Richtung des Islam.

Im Zentrum des Interesses steht hier die so genannte Zwölferschia, die wichtigste und größte Gruppe der Schiiten. Sie sind im vorliegenden Werk gemeint, wenn von »den Schiiten« die Rede ist. Die Zwölferschiiten, auch »Imamiten« genannt, erkennen eine genealogische Linie von zwölf Imamen an. Diese zwölf politisch-religiösen Führer sollen aus der direkten Blutslinie des Propheten Muhammad stammen und von Gott inspiriert sowie theologisch und sittlich unfehlbar sein. Die von ihrer religiösen und politischen Bedeutung und ihrer Größe her weniger wichtigen schiitischen Glaubensgemeinschaften, wie die Fünfer- und Siebenerschiiten sowie die Alawiten, werden berücksichtigt, soweit es inhaltlich notwendig erscheint.

GEBURT UND GESCHICHTE DER SCHIA

MUHAMMAD UND DIE ISLAMISCHE URGEMEINDE VON MEDINA

Zu Beginn des 7. Jahrhunderts entstand auf der arabischen Halbinsel der Islam, die jüngste der drei monotheistischen Offenbarungsreligionen. Sein Stifter war der Prophet Muhammad (um 570–632), ein Mitglied der Banu-Haschim-Sippe des arabischen Stammes der Koreisch. Zentrum der Koreisch war die Wüstenstadt Mekka, ein bedeutender Umschlagplatz an der Handelsstraße, die von Südarabien zum »Fruchtbaren Halbmond« führte. Durch Fernhandel mit den angrenzenden Kulturländern reich geworden, bildeten die verschiedenen Sippen der Koreisch in Mekka eine auf ihre Traditionen stolze Kaufmannsoligarchie. Ihr Glaube bildete eine Form des heidnischen Polytheismus, der sich mit der von Muhammad ab etwa 610 verkündeten Lehre von dem einen Gott (*Allah*) auf Dauer nicht vertrug.

Die zunehmende Feindschaft der Bewohner seiner Heimatstadt zwang Muhammad schließlich im Jahr 622, aus Mekka zu fliehen und mit einigen wenigen Getreuen in die Oasenstadt Medina auszuwandern. Das Jahr seiner Auswanderung (*hijra*) nach Medina ist der Beginn der islamischen Zeitrechnung. Unter den Bewohnern Medinas fand er mit seiner Lehre begeisterte Anhänger, mit deren Hilfe er ein politisches und religiöses Gemeinwesen (*umma*) schuf, das rasch expandierte. So vermochte Muhammad nach wechselhaften Kämpfen nicht nur, im Jahr 630 einen triumphalen Einzug in Mekka zu halten, sondern bis zu seinem Tod auch die meisten Stämme der arabischen Halbinsel teils mit Gewalt, teils durch Überzeugung für den Islam zu gewinnen und zu einen. Die von Muhammad den arabischen Stämmen aufgezwungene *pax islamica* hatte weit reichende Folgen. Sie führte nicht nur zur Aufhebung der langwierigen internen Blutfehden unter den Stämmen, sondern befähigte diese auch zum ersten Mal, ihre Kräfte zu bündeln und gegen die Feinde des Islam nach außen zu richten. Muhammad starb 632, ohne einen Sohn hinterlassen oder einen Nachfolger für die von ihm geschaffene *umma* benannt zu haben.

DIE SPALTUNG IN SUNNA UND SCHIA

Die Entstehung der Schia hat ihre Ursache in dem innerislamischen Richtungsstreit, der im arabischen Milieu von Medina nach Muhammads Tod zwischen den engsten Prophetengenossen (*sahaba*) entbrannte. Aufgrund ihrer früheren Verdienste um die Durchsetzung und Bewahrung des Glaubens waren die Prophetengenossen die führenden Mitglieder der Gemeinde von Medina. Sie entzweiten sich wegen der Frage, wer nach dem Tod von Muhammad dessen Nachfolger als Führer der islamischen Gemeinde sein solle. Eine von Abu Bakr und Umar, den beiden Schwiegervätern Muhammads, geführte Mehrheitsfraktion ging davon aus, dass Muhammad keine Nachfolgeregelung getroffen und eine solche daher durch Wahl aus ihren Reihen zu erfolgen habe. Dagegen behauptete eine Minderheitsfraktion, Muhammad habe seinen Vetter Ali Ibn Abi Talib zum Kalifen (*khalifa*), zu seinem »Nachfolger«, bestimmt. Nach islamischer Überlieferung soll Ali zu der Hand voll Anhängern gehört haben, die als Erste die Offenbarungsbotschaft des Propheten angenommen hatten und Muslime geworden waren. In den Jahren 622 bis 632, als Muhammad in Medina die organisatorischen und religiös-politischen Grundlagen des späteren islamischen Weltreichs gelegt hatte, war Ali sein engster Mitarbeiter gewesen und durch die Heirat mit dessen Tochter, Fatima, sein Schwiegersohn geworden.

Die Mehrheitsfraktion der Prophetengenossen setzte sich schließlich durch und kürte Abu Bakr (632–634) zum ersten Kalifen, der kurz vor seinem Tod Umar (634–644) als Nachfolger designierte. Nach Umars gewaltsamem Tod wählten die verbliebenen Prophetengenossen, darunter auch Ali, Uthman (644–656) aus dem mekkanischen Clan der Umayya zum neuen Kalifen. Unter den drei ersten Kalifen erweiterte sich das Reich der muslimischen Araber in atemberaubendem Tempo. So entrissen die Araber in wiederholten Eroberungszügen dem Kaiserreich von Byzanz die Provinzen Ägypten und Syrien und unterwarfen das gesamte Reich der persischen Sassaniden im heutigen Iran und in Mesopotamien (*al-Iraq*). Einige ihrer Heerführer begannen bereits mit Vorstößen ins Gebiet des heutigen Maghreb und nach Zentralasien und Indien.

Obwohl Ali gegen die Wahl Uthmans nicht offen opponierte, scheint er dessen Kalifat nur deshalb mit getragen zu haben, weil für ihn die Wahrung der zerbrechlichen Einheit der islamischen Urgemeinde Vorrang hatte. Dass es aber in ihr heftige Spannungen zwischen einzelnen Prophetengenossen, Clans und Gruppierungen gab, verdeutlichte der Tod Uthmans: Er wurde 656 in Medina von Aufrührern umgebracht. Entzündet hatte sich deren Zorn an den nepotistischen Praktiken Uthmans, der bevorzugt Verwandte aus seiner Sippe, der Banu Umayya, zu Führungspositionen in den meisten der neu eroberten Provinzen verholfen hatte. Hinter der Mordtat stand die Furcht vieler alter Muslime der ersten Stunde, dass die zur ehemals heidnischen mekkanischen Stadtoligarchie gerechnete Umayya-Sippe die Oberherrschaft über den neuen islamischen Staat erlangen könnte. Sie hatte mit Ausnahme Uthmans selbst lange

Zeit erbittert gegen den Propheten gekämpft und erst zuletzt, als alles verloren war, aus schierem Opportunismus den Islam angenommen.

Ali wurde 656 in Medina von den versammelten Führern zum vierten Kalifen gewählt, doch diese Wahl wurde von den Mitgliedern der Umayya, die zuvor Medina verlassen und sich nach Syrien zurückgezogen hatten, angefochten. Ihr Führer war Muawiya, Vetter von Uthman und mächtiger Gouverneur der Provinz Syrien, der Ali der Komplizenschaft an der Ermordung Uthmans bezichtigte und dessen Blut rächen wollte. Zwischen Muawiya und Ali, dessen Anhänger sich fortan »Partei Alis« nannten, brach ein Bürgerkrieg aus. Ali, der abgesehen von den am Euphrat gelegenen Garnisonsstädten Kufa und Basra im Irak und den ostiranischen Provinzen kaum Machtbasen hatte, verlor in den anschließenden Kämpfen seinen Einfluß weit gehend an Muawiya. Ali wurde schließlich 661 in seiner Residenz, Kufa, von einem Bluträcher erstochen. Damit war für Muawiya das letzte Hindernis auf dem Weg zum Kalifat beseitigt. Er wurde zum Begründer der Umayyaden-Dynastie (661–750) und machte Damaskus zur Hauptstadt des islamischen Weltreichs. Nach der Ermordung Alis zogen sich seine beiden Söhne Hasan und Husain nach Medina zurück. Hasan, der Ältere von beiden, verzichtete 661 zugunsten Muawiyas vertraglich auf seinen Herrschaftsanspruch. Husain, sein jüngerer Bruder, hielt sich an den Vertrag, den Hasan mit Muawiya geschlossen hatte, und blieb bis zu dessen Tod 680 politisch passiv. Ähnlich abwartend verhielten sich die Anhänger der nach Alis Tod weiter bestehenden »Partei Alis«, der Schia, die ihre Hochburg in Kufa hatten und auf eine Schicksalswende hofften.

Das kurze Kalifat Alis gilt den Schiiten bis heute als die einzige Phase rechtmäßiger Herrschaft, die der Islam nach Muhammads Tod erlebt hat. Die vor ihm herrschenden drei Kalifen, Abu Bakr, Umar und Uthman, betrachten die Schiiten als unrechtmäßige Thronräuber. Sie werden zusammen mit den anderen Gegnern Alis von der Schia seit Jahrhunderten bei volkstümlichem Festen und Zeremonien verflucht und geschmäht, was oft zu Konflikten mit den Sunniten, die sich provoziert fühlen, führt. Mit Alis Tod begann für die Schiiten eine lange Kette von Märtyrer-Imamen, die erst im Jahr 873 zu Ende gehen sollte. In der Legendenbildung der Schia nimmt Ali, dessen Bild idealisiert und verklärt wird, einen herausragenden Platz ein. Ali gilt der Schia als Verkörperung des jugendlichen, mit übermenschlichen Kräften ausgestatteten Helden, der sich durch meisterhafte Beherrschung der arabischen Sprache und durch Weisheit auszeichnet. Sein Grab in der Nähe von Kufa wurde ab dem 8. Jahrhundert zu einer beliebten Wallfahrtsstätte der Schiiten. Sie bildete die Keimzelle für die heutige Stadt Najaf, eines der bedeutendsten geistigen Zentren der Schia.[2]

DIE ZWÖLF IMAME DER SCHIITEN

Der erste Imam, Ali, hatte mit Muhammads Tochter, Fatima, zwei Söhne: Hasan und Husain. Hasan verzichtete auf seinen Machtanspruch und führte in Medina das Leben eines reichen Nichtstuers. Er ergötzte sich an seinem aus vielen Ehefrauen bestehenden Harem, zeugte zahlreiche Nachkommen und starb vermutlich im Jahr 678. Im Glauben der Schia soll Muawiya eine von Hasans Ehefrauen angestiftet haben, diesen zu vergiften.

Als der im Sterben liegende Muawiya seinen Sohn, Yazid, 680 zum neuen Kalifen ernannte, hielt Husain seine Stunde für gekommen. Ermuntert durch seine Anhängerschaft in Kufa, die ihn als legitimen Kalifen betrachtete, verweigerte er Yazid den Gehorsam und zog mit einer kleinen Gefolgschaft zunächst in den Irak nach Kufa und dann weiter nördlich nach Kerbela an den Euphrat. Dort wurden Husain und seine Kämpfer 680 von einem übermächtigen umayyadischen Heer umzingelt und nach blutigem Kampf getötet. Aus schiitischer Sicht hatte damit der nach Ali und Hasan dritte legitime Nachfolger Muhammads als Führer der islamischen Gemeinde, Imam Husain, den Märtyrertod gefunden. Das Martyrium Husains ist der zentrale Gründungsmythos der Schia, und Ashura, der Tag seines Todes, der auf den 10. Tag des islamischen Monats Muharram fällt, bildet den Höhepunkt des schiitischen Festkalenders. Sein Tod ließ die Schia, die bis dahin lediglich als eine Fraktion in den innerislamischen Machtkämpfen hervor getreten war, zu einem religiösen Phänomen werden.

Nach dem Tod Husains in Kerbela wurde sein Sohn, Ali, der als einziger seiner Söhne das Massaker überlebt hatte, vom Umayyaden-Kalifen Yazid an dessen Herrscherhof nach Damaskus gebracht und später in das ehrenvolle interne Exil nach Medina entlassen. Ali, den die Schiiten als vierten Imam anerkennen und dem sie den Beinamen Zain al-Abidin (»Zierde der Gottesknechte«) gaben, hielt sich bis zu seinem Tod um 713 in Medina aus politischen Dingen heraus. Auch sein Sohn Muhammad al-Baqir (»der [Wahrheits-]Spalter«), der fünfte Imam (gest. 733 in Medina), ließ zeitlebens keinen politischen Ehrgeiz erkennen. Das Gleiche trifft auch auf dessen Sohn, den sechsten Imam der Schia, Jafar al-Sadiq (gest. 765), zu. Statt sich aktiv in die politischen Umbrüche, die mit dem Sturz der Umayyaden-Dynastie und deren Ablösung durch die Abbasiden-Dynastie verbunden waren, einzumischen, betätigte er sich als Privatgelehrter in Medina. Hier machte er sich als Sammler und Kommentator der Überlieferungen des Propheten einen Namen und ging später als Begründer des Rechts der zwölferschiitischen »Rechtsschule« (*madhhab*), die bisweilen nach ihm auch *jafariyya* genannt wird, in die Geschichte ein. Obwohl die Schiiten die Machtergreifung der Familie der Abbasiden, einer mit den Propheten verwandten arabischen Sippe, anfänglich massiv unterstützten, blieben ihnen die Abbasiden, die sie rasch wieder in die Opposition verwiesen, jeden Lohn schuldig. Vielmehr erachteten die Abbasiden-Kalifen weiterhin die Führer der Schiiten als potenziell gefährliche Thronrivalen, die sie argwöhnisch beobachteten und überwachen ließen.

Furcht vor eventuellen Machtansprüchen der schiitischen Imame, die in Teilen der Bevölkerung weiterhin Sympathien genossen, veranlasste die Abbasiden-Kalifen, sie ab 795 von Medina in ihre neu gegründete Hauptstadt Bagdad zu bringen und als Gefangene in nahe gelegenen Privatpalästen festhalten zu lassen. Musa al-Kazim (»der Zurückhaltende«), der siebte Imam der Schia, war der erste dieser aufgrund ihrer Prophetenabstammung ehrenvoll behandelten Hofgefangenen der Abbasiden. Seinen frühen Tod, 799, führen die schiitischen Traditionsüberlieferer auf eine heimliche Vergiftung durch den Kalifen Harun al-Rashid (gest. 809) zurück. Die Schiiten begruben ihn in einer nördlichen Vorstadt von Bagdad, nach ihm al-Kazimiyya benannt, wo im Lauf der Zeit ein berühmter Pilgerschrein über seinem Grab entstand.

Der Nachfolger von Harun al-Rashid, der Abbasiden-Kalif al-Mamun, residierte an der nordöstlichen Peripherie des Reiches, nahe der heutigen Stadt Mary in Turkmenistan, wohin er 816 auch den achten Imam, Ali al-Rida (»der Wohlgefällige«), deportieren ließ. Nachdem der Kalif gezwungen worden war, sich nach Bagdad zu begeben, um dort eine Hofrevolte niederzuschlagen, starb der ihm im Tross nachfolgende Ali al-Rida 818 in der ostiranischen Stadt Tus, in deren Nähe er auch begraben wurde. Um seinen Grabschrein, der den Namen Maschhad (»Stätte des Martyriums«) erhielt, entstand binnen weniger Jahrzehnte die gleichnamige Stadt Maschhad. Sie ist seit alters der wichtigste Wallfahrtsort der Schiiten innerhalb Irans, weil sich dort das einzige Grab eines Schia-Imam auf iranischem Boden befindet.

Die zwölf Imame der Schiiten

	Name und Beiname	Todesjahr und -ort
Erster Imam (und vierter Kalif des Islam, 656–661)	Ali Ibn Abi Talib	661 in Kufa/Irak; ermordet durch Bluträcher
Zweiter Imam	Hasan	678 in Medina, Todesumstände ungeklärt
Dritter Imam	Husain	680 in Kerbela/Irak; fiel im Kampf gegen ein Heer des Umayyadenkalifen Yazid
Vierter Imam	Ali Zain al-Abidin (»Zierde der Gottesdiener«)	Um 713 in Medina
Fünfter Imam	Muhammad al-Baqir (»der [Wahrheits-] Spalter«)	733 in Medina/Saudi-Arabien
Sechster Imam	Jafar al-Sadiq (»der Wahrhaftige«)	765 in Medina/Saudi-Arabien
Siebter Imam	Musa al-Kazim (»der Zurückhaltende«)	799 in Bagdad/Irak
Achter Imam	Ali al-Rida (»derWohlgefällige«)	818 nahe der iranischen Stadt Tus
Neunter Imam	Muhammad al-Jawad (»der Freigebige«)	835 in Bagdad/Irak
Zehnter Imam	Ali al-Hadi (»der Rechtleitende«)	868 in Samara/Irak
Elfter Imam	al-Hasan al-Askari (»der im Heerlager Lebende«)	873 in Samara/Irak
Zwölfter Imam	Muhammad al-Mahdi (»der von Gott Rechtgeleitete«)	

Grabstätte	Bemerkungen
Najaf/Irak	Schwiegersohn des Propheten Muhammad, verheiratet mit dessen Tochter Fatima
Medina/Saudi-Arabien	Ältester der zwei Söhne Alis; Hasan soll, so die Schia, vom Umayyaden-Kalifen vergiftet worden sein
Kerbela/Irak	Jüngster Sohn Alis; im Glauben der Schia ist er der »Herr der Märtyrer«
Medina/Saudi-Arabien	Einzig überlebender Sohn von Husain; vom damaligen Umayyaden-Kalifen, so der Glaube der Schia, vergiftet
Medina/Saudi-Arabien	Im Glauben der Schia vom damaligen Umayyaden-Kalifen vergiftet
Medina/Saudi-Arabien	Im Glauben der Schia vom damaligen Abbasiden-Kalifen vergiftet
Kazimiyya (Bagdad)/Irak	Im Glauben der Schia vom damaligen Abbasiden-Kalifen vergiftet
Maschhad/Iran	Im Glauben der Schia vom damaligen Abbasiden-Kalifen vergiftet
Kazimiyya (Bagdad)/Irak	Im Glauben der Schia vom damaligen Abbasiden-Kalifen vergiftet
Samara/Irak	Im Glauben der Schia vom damaligen Abbasiden-Kalifen vergiftet
Samara/Irak	Im Glauben der Schia vom damaligen Abbasiden-Kalifen vergiftet
	Existiert im Glauben der Schia in der »Verborgenheit« fort.

Der zweitwichtigste Wallfahrtsort der Schiiten in Iran ist der Schrein von Fatima al-Masuma (»die Unfehlbare«), der Schwester von Imam al-Rida, die, als sie ihren Bruder besuchen wollte, auf dem Weg in Zentraliran erkrankte und 817 in Qom starb. Über ihrem Grab erhebt sich heute ein mit goldener Kuppel geschmückter Moscheenschrein, der zum Mittelpunkt des theologischen Wissenschaftszentrums von Qom geworden ist. Al-Mamuns Nachfolger, al-Mutasim, ließ den neunten Imam, Muhammad al-Jawad, im Jahr 835 von Medina nach Bagdad bringen, wo er noch im selben Jahr erst vierundzwanzigjährig verstarb und im Schrein seines Großvaters, Musa al-Kazim, in Kazimiyya, begraben wurde. Al-Mutasim gründete 836 etwa hundert Kilometer nördlich von Bagdad eine neue Hauptstadt, Samara, in die fortan die Imame den Kalifen zu folgen hatten. In Samara starben auch 868 der zehnte Imam der Schia, Ali al-Hadi (»der Rechtleitende«), und 873 der elfte Imam, al-Hasan al-Askari (etwa: »der im Heerlager Lebende«). Sie wurden im Wohnhaus der Familie beigesetzt, an dessen Stelle sich heute der Schrein der beiden Imame erhebt.

Der Tod des elften Imams führte zu Spaltungen innerhalb der Schiitengemeinde. Nach Meinung der sunnitischen Muslime, die sich anfänglich auch die Mehrheit der Schiiten zu Eigen machte, war al-Hasan al-Askari kinderlos gestorben. Dagegen behauptete eine der Splittergruppen unter den Schiiten, er habe einen 869 geborenen Sohn aus einer Verbindung mit einer byzantinischen Sklavin gehabt, Muhammad al-Mahdi (»der von Gott Rechtgeleitete«). Die Anhänger dieser schiitischen Richtung, die sich später durchsetzen und fast alle anderen Schia-Gruppen verdrängen sollte, erklärten, sein Vater habe den zwölften Imam zum Schutz vor Nachstellungen des Kalifen vor der Öffentlichkeit verborgen. Lediglich einige wenige auserwählte Familienangehörige und Vertraute hätten, so ihre Ansicht, das Antlitz des zwölften Imams gesehen, bevor ihn Gott den Irdischen 874 durch ein Wunder im Keller des Familienwohnhauses in eine geheimnisvolle »Verborgenheit« (*ghaiba*) entrückt habe, in der er weiterleben und aus der er eines unbekannten Tages wieder zurückkehren werde.[3]

DAS KONZEPT DER »GROSSEN VERBORGENHEIT«

Nach Vorstellung der Schia wird der zwölfte Imam dereinst als ein messianischer Endzeitherrscher und Erlöser wiederkehren. Er wird die Tyrannen und Usurpatoren auf Erden vernichten, die Spaltung der Muslime aufheben und den Schiiten zum Sieg über ihre Feinde verhelfen. Der Wiederkehr des Mahdi sollen im Glauben der Schia apokalyptische Ereignisse und Phänomene vorangehen, wie Sonnenfinsternisse, Heuschreckenplagen, Erdbeben und verheerende Orkane. Nach seiner Rückkehr, die in Mekka stattfinden soll, werde der Mahdi, so die schiitischen Überlieferer, ein dem irdischen Paradies gleiches Reich der Gerechtigkeit errichten, das sich über den gesamten Erdball ausdehnen und sieben oder neunzehn Jahre dauern werde. Danach, so vermuten die schiitischen Traditionsüberlieferer, werde möglicherweise der Tag des Jüngsten Gerichts für die vom Tode Auferstandenen anbrechen.

Für einige Jahrzehnte, und zwar von 874 bis 941, soll der verborgene zwölfte Imam durch vier Vertreter oder Botschafter (*sufara*) noch eine Verbindung zu seiner Gemeinde aufrechterhalten und diese Männer indirekt geleitet haben. Die Periode wird die »Kleine Verborgenheit« genannt. Danach jedoch riss auch diese Verbindung ab, und es brach die bis heute währende Phase der »Großen Verborgenheit« (*al-ghaiba al-kubra*) an.

Ehe sich aber dieses Konzept der Verborgenheit des zwölften Imams endgültig gegen ältere Imamatslehren durchsetzte, vergingen noch rund zwei Jahrhunderte. Dass dies gelang, ist vor allem das Werk der mit der Kodifizierung der Imam-Überlieferungen und der Kanonisierung des schiitischen Rechts befassten Schia-Kirchenväter des 9. und 10. Jahrhunderts, die vor allem in Bagdad und Qom lebten und lehrten. Dank ihrer apologetischen Schriften und Polemiken konnte sich die Zwölferschia, also die Gruppe, die eine genealogische Linie von zwölf Imamen anerkennt, gegen andere konkurrierende Schia-Bewegungen behaupten.

Der Kampf der Schia-Kirchenväter richtete sich vor allem gegen zwei Strömungen. Die eine bildete die Gruppe der als Schwärmer und extreme religiöse »Übertreiber« (*ghulat*) bekannt gewordenen, von der Hauptströmung abweichenden Schia-Sekten. Sie wurden sowohl von der Sunna als auch der orthodoxen Zwölferschia wegen ihres Hangs zur ketzerischen Vergöttlichung der Imame gleichermaßen abgelehnt und bekämpft. Diese »Übertreiber« verbanden den Glauben an die Imame mit Vorstellungen von Seelenwanderung und Erlösung, Vorstellungen, die ihren Ursprung offensichtlich in vorislamischen religiösen Lehren, insbesondere der hellenistischen Gnosis, hatten und die sie in ihren apokalyptischen Schriften den Imamen selbst zuschrieben. Die wichtigsten historischen Nachfahren dieser »Übertreiber« sind zum einen die im westiranischen Luristan ansässigen Ahl-e Haqq (pers., »Leute der Wahrheit«), eine zahlenmäßig sehr kleine Religionsgemeinschaft, und zum anderen die Nusairier, die wegen ihrer Vergöttlichung des Imam Ali auch Alawiyya oder Alawiten genannt werden.

Die Schia-Sekte der Alawiten, deren Ursprung im religiösen Milieu Bagdads des 9. Jahrhunderts liegt, ist heute vor allem im nordwestsyrischen Küstengebirge und in der Südtürkei bei Adana und Tarsus beheimatet. In Syrien spielt sie seit dem Putsch von 1970, der den militärischen Flügel der syrischen Baath-Partei an die

Macht brachte, eine wichtige Rolle. Die Alawiten, die im syrischen Militär traditionell einen Großteil der Offiziere stellten, beherrschen seither den syrischen Partei- und Staatsapparat. Ex-Präsident Hafiz al-Asad und sein Sohn und Nachfolger Baschar al-Asad gehören zur Alawiyya, die etwa elf Prozent der syrischen Bevölkerung ausmacht.

Die andere letztlich unterlegene Strömung der Schia erwuchs aus dem Streit unter den Schiiten über die Frage, welche genealogische Linie als legitim angesehen und welcher Imam als der letzte Träger des Erbcharismas betrachtet werden könne. Dabei handelt es sich vor allem um die Fünferschia (Zaidiyya) und die Siebenerschia (Ismailiyya), die also die Reihe der göttlich inspirierten Imame beim fünften bzw. siebten Imam abbrechen lassen. Während die Zaidiyya vor allem unter den arabischen Gebirgsstämmen des nördlichen Jemen ihre Anhänger hat, hat sich die Ismailiyya von ihren arabischen Ursprüngen weit gehend gelöst und ist zu einer multikulturellen Religionsgemeinschaft mit internationaler Verbreitung geworden. Kleinere Kolonien von Ismailiten finden sich in Indien, Ostafrika, im Karakorumgebirge Pakistans, in Syrien, in Iran und in Großbritannien, genauer gesagt, in dessen Hauptstadt London, wo auch das Zentrum der Ismailiyya unter ihrem gegenwärtigen, Oberhaupt, dem Agha Khan, liegt.

DIE SCHIA UNTER DEN SUNNITISCHEN KALIFEN

Seit dem Jahr 874 ist nach schiitischer Vorstellung nicht nur die Schia, sondern die gesamte islamische *umma* ohne legitimes Oberhaupt. Prinzipiell galten den Schiiten lange alle etablierten irdischen Obrigkeiten, also alle Kalifen, Sultane, Emire und Schahs, als illegitime Usurpatoren. Gefördert wurde diese rigorose Position der Schia nicht zuletzt durch ihre historische politische Stellung am Rande der Gesellschaft. Die Schia hatte unter den sunnitischen Kalifen aus den Dynastien der Umayyaden (661–750) und Abbasiden (750–1258) wie auch unter den meisten der anderen ihnen nachfolgenden lokalen und regionalen sunnitischen Herrscherdynastien den Status einer politisch und sozial unterdrückten oppositionellen Minderheit ohne reale Chance auf Erringung der Macht. Zwar betonten die Schiiten stets, dass sie in Abwesenheit des Mahdi jede Herrschaft als prinzipiell illegitim betrachteten. Dennoch duldeten sie in der politischen Praxis zumeist die jeweiligen Machthaber als kleineres Übel, um so ein größeres Übel in Form von Bürgerkrieg und Chaos zu vermeiden. Auf diese Weise distanzierte sich die Schia von allen eigenen Herrschaftsambitionen und konnte – wenn auch nur als unterdrückte Minderheit – in einer feindlichen sunnitischen Umwelt überleben.

Auch dieser Verzicht auf politische Ambitionen, der die Schia bis in die siebziger Jahre des 20. Jahrhunderts im Allgemeinen kennzeichnete, resultierte aus dem Konzept der »Großen Verborgenheit«. Unter den Umayyaden und ersten Abbasidenkalifen hatten die irakischen Schiiten noch versucht, einen Imam aus der Blutslinie Alis mit Waffengewalt auf den Thron zu bringen. Doch spätestens ab der Mitte des 9. Jahrhunderts, als der Kontakt des verborgenen Mahdis zum letzten Botschafter abriss, gab es für die Zwölferschia keine Chance mehr, den Imamen zur Macht zu verhelfen. Infolgedessen schwor die Schia allem Machtstreben ab, wandelte sich zu einer rein religiösen Gemeinschaft und nahm eine quietistische Position ein, eine passive Geisteshaltung also, die sich besonders durch das Streben nach einer gottergebenen Frömmigkeit und Ruhe des Gemüts auszeichnet. Erste Ansätze dieses Quietismus gehen bereits auf den sechsten Schia-Imam, Jafar al-Sadiq, zurück. Hand in Hand mit dem fortschreitenden Schwinden aller Hoffnungen auf ein schiitisches Kalifat, dessen Errichtung in immer fernere Zukunft verschoben wurde, nahm die Gestalt des Imam Mahdi immer stärker eschatologische, also endzeitlich orientierte Züge an. So wurden ihm – und auch den anderen Imamen – fortan von der Schia schrittweise übernatürliche Kräfte und Eigenschaften zugeschrieben, wie etwa das Wissen um Vergangenheit und Zukunft, Unfehlbarkeit in allen Entscheidungen und Sündlosigkeit.

Zudem griff ab dem 9. Jahrhundert in der Schia auch der Glaube Raum, der verborgene Imam Mahdi sei nicht nur der Führer der islamischen Gemeinde, sondern auch der erkennbare autoritative Beweis (*hujja*) für die Wahrheit der Offenbarung Gottes auf Erden. Ohne dessen Existenz – und liege sie auch in der Verborgenheit – könnte die Welt keinen Moment lang Bestand haben. In Anlehnung an das Vorbild des Imam Mahdi, der sich aus »Vorsicht« (*taqiyya*) dem Zugriff seiner Feinde durch Rückzug in die Verborgenheit entzogen hatte, bildete sich auch unter den Schiiten seit dieser Zeit ein religiös legitimierter Verhaltenskodex der Verstellung heraus. Droht einem Schiiten aufgrund seiner Anhänglichkeit an den wahren Imam Verfolgung oder Tod, so darf er seinen Glauben verbergen oder seine Zugehörigkeit zur Schia verleugnen.

Zwischen dem 7. und dem 9. Jahrhundert entstanden eine Reihe von kleinen, zumeist lokal oder regional bedeutsamen städtischen Hochburgen und Siedlungszentren der Schia. An ihrer Spitze standen die bereits erwähnten Gebiete des Süd- und Zentraliraks um Basra, Kufa, Najaf, Kerbela, Kut, Hilla und einige Stadtviertel der Kalifenhauptstadt Bagdad. Daneben gab es kleinere zwölferschiitische Hochburgen im nordsyrischen Aleppo und im Gebiet des heutigen Libanon, vor allem in den südlichen Küsten- und Gebirgszonen um die Städte Amal, Sidon und Tyros. Dank der von den Militärgarnisonen in Kufa und Basra ausgehenden Eroberungszüge begann die Schia, auch im iranischen Hochland Fuß zu fassen, wo vor allem Qom zu ihrem wichtigsten Bollwerk wurde. Bereits um 715 hatten sich arabische Krieger des Aschari-Stammes, die ihres schiitischen Bekenntnisses wegen aus Kufa hatten flüchten müssen, in Qom angesiedelt und die zuvor zerstörte Stadt neu aufgebaut. Mit der Errichtung des Schreins der Fatima al-Masuma, der Schwester des achten Schia-Imams, verfestigte Qom seine Position als der neben Maschhad bedeutendsten Zitadelle des Schiitentums in Iran.

DIE BUYYIDENHERRSCHAFT UND DIE ENTSTEHUNG DES SCHIITISCHEN RECHTS

Trotz der prinzipiellen Ablehnung der weltlichen Herrschaft der sunnitischen Kalifen erlag die Schia nicht der Versuchung, sich vollkommen der politischen und sozialen Weltverneinung anheim zu geben. Dies hätte auch ihren Tod als Glaubensgemeinschaft zur Folge gehabt. Die Schia vermochte es vielmehr, funktionierende soziale und rechtliche Gemeindestrukturen und Autoritätsprinzipien herauszubilden, und zwar als Ergebnis eines mehrere Jahrhunderte währenden Prozesses interner Debatten. Er brachte schließlich zufrieden stellende Antworten auf die Fragen hervor, mit denen sich die Schia seit der Abwesenheit des Imam Mahdi, der als Leiter eines politischen wie religiösen Gemeinwesens fungierte, konfrontiert sah. Zu diesen Fragen zählte unter anderem, wer an seiner Stelle Recht sprechen, das gemeinschaftliche Freitagsgebet leiten oder die für die Armen bestimmten religiösen Abgaben einsammeln und verwenden sollte.

Aus den Debatten ging der Stand der mit Glaubensfragen befassten Gelehrten *(ulama*, Sing.: *alim)* hervor, die über Spezialkenntnisse in religiösen und rechtlichen Fragen verfügen. Dieser Stand stellt zwar keine exklusive Besonderheit der Schia dar, da auch unter den Sunniten ein hinsichtlich Habitus und Bildung vergleichbarer und auch mit »*ulama*« bezeichneter Stand existiert, so hat er doch in der Schia im Laufe der Zeit ausgeprägte Züge eines Klerus angenommen. Ihre Ursprünge haben die *ulama* im 7. bis 8. Jahrhundert. Damals begannen eine Reihe von Privatgelehrten mit der Sammlung und Kommentierung von Überlieferungen und Aussprüchen des Propheten und der Imame. Diese Personen galten den Muslimen als verbindliche Vorbilder, aus deren Worten und Taten sie Handlungsanweisungen für die Regelung des Alltagslebens der Gemeinschaft zu gewinnen versuchten. Diese rege und intensive Sammlertätigkeit bildete die Grundlage der islamischen Wissenschaft, aus der sich das islamische Recht ableitet. Schrittweise wurden aus den privaten Sammlern von Propheten- und Imamstraditionen Fachleute der islamischen Rechtswissenschaft (*fiqh*), die so genannten Rechtsgelehrten (*fuqaha*, Sing.: *faqih*).

Die Jahrhunderte seit dem Verschwinden des zwölften Imam im 8. Jahrhundert wurden durch heftige interne rechtswissenschaftliche Debatten über die Frage bestimmt, ob und, wenn ja, inwieweit die schiitischen *ulama* befugt sind, Aufgaben und Vollmachten des Mahdi stellvertretend an sich zu ziehen. Ein vorläufiges Ergebnis dieses Prozesses, der bis heute andauert, ist die Machtergreifung des schiitischen Klerus in Iran im Jahr 1979.

Eine wichtige historische Etappe bei der Herausbildung des Rechts der Schia bildet die Phase der Buyyidenherrschaft (945–1055). Die Buyyiden, eine Dynastie von Söldnerführern aus dem gebirgigen Nordiran, hatten sich zu Beschützern und Oberherren der zu willenlosen Marionetten gemachten Abbasiden-Kalifen in Bagdad aufschwingen können. Die Buyyiden waren

Schiiten und unterstützten die schiitischen Gemeinden des Süd- und Zentralirak sowie des westlichen und nordwestlichen Iran. Ausgestattet mit Bauten, Stiftungen und Schenkungen der Buyyiden-Könige, blühten die Schia-Gemeinden in Irak und Iran auf.

Nicht zufällig fällt die Zeit der schiitischen Kanoniker, der Verfasser der vier grundlegenden Bücher der schiitischen Theologie und Rechtswissenschaft, in die Ära der Buyyiden. Die Sammlungen von Aussprüchen der Imame bilden die Grundlage dieser Werke. Das älteste ist das Buch *Das Genügende (al-Kafi)* des Iraners al-Kulaini (gest. 941), der in Qom wirkte.

Ibn Baboye al-Qummi, ein Iraner, der überwiegend in Bagdad lehrte (gest. 991), ist der Verfasser des zweiten kanonischen Werkes mit dem Titel *Wer keinen (Rechts-)Experten zur Hand hat (man la yahduruhu al-faqih)*. Der in Bagdad lehrende Scharif al-Murtaza (gest. 1044) verfasste das dritte und das vierte kanonische Werk der Schia: *Betrachtungen der umstrittenen Überlieferungen* und *Revision der Entscheidungen.*

Auf der Grundlage des überlieferten Materials an Aussprüchen der Imame in *al-Kafi* von Kulaini entwickelten die auf ihn folgenden Gelehrten aus Bagdad und Qom in ihren Werken die »Prinzipien der Rechtswissenschaft« (*usul al-fiqh*). Mit ihrer Hilfe konnten fortan Schia-Theologen aus den Traditionssammlungen Lösungen für Probleme kultisch-religiöser oder rechtlicher Natur ableiten.

Hervorzuheben ist ein wichtiger, für die Ausformung der Schia zukunftsträchtiger Charakterzug der Schia-Kanoniker der Bagdader Schule: Sie betonten, dass die menschliche Vernunft (*aql*) ein der Tradition (*naql*) gleichberechtigtes Prinzip der Rechtsfindung sei. Basis dieses schiitischen Rationalismus ist der optimistische Glaube, Gott habe dem Menschen die Vernunft geschenkt, um ihn mit Hilfe dieses Werkzeuges seinen Willen erkennen zu lassen. Anders als bei den meisten der einflussreichen mittelalterlichen Theologen der Sunniten bildeten nach Überzeugung der Schia-Kanoniker Ratio und Offenbarung keine unvereinbaren Gegensätze, sondern gehörten untrennbar zusammen. Allerdings sollte es noch bis zum 19. Jahrhundert dauern, bis sich diese rationalistische Tradition der Bagdader Schule schließlich gegen den hartnäckigen und lange sogar übermächtigen Widerstand von puristischen Traditionalisten innerhalb der schiitischen Gelehrtenzirkel vollständig durchsetzen konnte. Letztere verwarfen die Vernunft als unzuverlässige Quelle der Rechtsfindung.[4]

Das Ende der Herrschaft der Buyyiden, die 1055 durch die Seldschuken, eine Dynastie türkischer Nomadenkrieger, aus Bagdad vertrieben worden waren, hatte auch Auswirkungen auf die Schia. Die Seldschuken-Sultane, die wie zuvor die Buyyiden die schwachen Abbasiden-Kalifen zu willfährigen Werkzeugen machten und in deren Namen regierten, waren überzeugte Sunniten. Obwohl unter ihnen die Schiitengemeinden des Irak und des Iran nicht systematisch unterdrückt wurden, fiel die Schia aber mangels politischer Protektion wieder auf die Stufe einer relativ bedeutungslosen Glaubenssekte zurück. Der Anfang des 13. Jahrhunderts einsetzende Mongolensturm der Nachkommen Dschingis Khans endete im Jahr 1258 unter dem Großkhan Hülagu mit der Eroberung und Zerstörung Bagdads sowie der Ermordung des letzten Abbasiden-Kalifen. Die Schiiten bejubelten das Ende der verhassten Abbasiden-Kalifen, doch waren viele ihrer Bevölkerungszentren und theologischen Hochburgen, wie Qom und die Schiitenquartiere Bagdads, durch die gewaltigen Zerstörungen des Mongolenzugs hart getroffen worden.

Unter der Herrschaft der Mongolen, deren Führer ab 1295 den sunnitischen islamischen Glauben annahmen, konnte sich die Schia wieder etwas freier entfalten. Die südirakische Kleinstadt Hilla, eines der kleineren von den Zerstörungen des Mongolensturms verschonten, theologischen Zentren der Schia, wurde für geraume Zeit zur Hochburg der schiitischen Gelehrsamkeit. Historisch spielt Hilla vor allem deswegen eine Rolle, weil dort einer der bedeutendsten Schia-Theologen aller Zeiten, Hasan ibn Yusif ibn Ali ibn al-Mutahhar (1250–1325), bekannter unter dem Namen al-Allama al-Hilli (»der Hochgelehrte aus Hilla«), lebte und wirkte. Allama al-Hilli war es auch, der zu Beginn des 13. Jahrhunderts in Anknüpfung an den Rationalismus der Bagdader Schule das für die Schia-Geistlichkeit insgesamt zukunftsweisende Prinzip des *ijtihad* (»das Sich-selbst-Anstrengen«) entwickelte. Darunter versteht man die auf die Vernunft gestützte Methode der selbstständigen wissenschaftlichen Entscheidung in Fragen des zwölferschiitischen Rechts, eine Methode, die bis heute die Machtbasis der schiitischen *ulama* darstellt.

Die Notwendigkeit des *ijtihad* ergibt sich aus der Problematik, dass Koran und Sunna (also die Überlieferung des Propheten) nicht alle Fragen des täglichen Lebens beantwortet haben. Daher haben sich die schiitischen Gläubigen an eine geistliche Autorität zu wenden, um eventuelle Unklarheiten über ihre religiösen Pflichten auszuräumen. Antworten auf neu auftretende Fragen gibt der Rechtsgelehrte durch Anwendung des *ijtihad*. Die Befugnis zur Auslegung der Rechtsquellen und zur Herausgabe von Rechtsgutachten (*fatwa*) hat der *mujtahid* (der zum *ijtihad* berechtigte Theologe) von älteren Gelehrten erhalten, deren *ijaza* (»Befugnis«) sich wiederum in letzter Instanz auf die Imame selbst zurückverfolgen lässt. Allama al-Hilli definierte in seinem Buch *Die Ausgangspunkte, von denen man zur Wissenschaft der Prinzipien gelangt* die Kriterien des *ijtihad*, dessen Hauptcharakteristikum die Fehlbarkeit ist. Unfehlbarkeit attestiert die Schia nur vierzehn

Personen, dem Propheten, seiner Tochter Fatima und den zwölf Imamen, von denen dreizehn tot und einer, den Menschen unzugänglich, in der Verborgenheit weilt. Um neu auftretende Probleme zu lösen, auf die weder der Koran noch die überlieferte Tradition des Propheten und der Imame eine Antwort lieferten, räumt die Schia der menschlichen Ratio beträchtlichen Spielraum ein. Dies geschieht gemäß der Devise, dass Gott den Menschen Verstand schenkte, damit sie ihn benutzen, um seine Absichten zu ergründen. Bei jeder Entscheidung, die ein Rechtsgelehrter nach bestem Wissen und Gewissen fällt und für die er beim Jüngsten Gericht Verantwortung zu tragen hat, geht die Schia aber – nach den von Allama al-Hilli definierten Prinzipien – davon aus, dass diese Entscheidung prinzipiell fehlbar und somit auch revidierbar ist.

Die von Allama al-Hilli im 13. Jahrhundert festgelegten Grundvoraussetzungen, die ein *mujtahid* hinsichtlich seiner Kenntnisse, Fähigkeiten und Ausbildung zu erfüllen hat, waren in den folgenden Jahrhunderten von entscheidender Bedeutung bei der endgültigen Ausformung des klerikalen Berufsstands in der Schia und sind bis heute im Wesentlichen noch gültig. Dazu gehört die gründliche Beherrschung des Arabischen, der *lingua sacra* des Islam, ebenso wie eine profunde Kenntnis der Offenbarungsbotschaft des Korans. Hinzu kommt das Vertrautsein mit den Sammlungen von Aussprüchen des Propheten und der Imame. Ferner muss ein *mujtahid* die »Grundlagen der Rechtswissenschaft« (*usul al-fiqh*) kennen und das Instrumentarium des Logikers beherrschen, damit seine Folgerungen in sich schlüssig sind. Seit den Zeiten von Allama al-Hilli gilt, dass ein Theologiestudent nicht durch Inspiration oder sakrale Weihen zum *ijtihad* befähigt wird, sondern ausschließlich durch Gelehrsamkeit, die auf jahrzehntelangen intensiven Studien basiert. Nur nach Abschluss dieser Studien ist ein Rechtsgelehrter befähigt, Entscheidungen aufgrund »allgemeiner religiöser Vorschriften« (*ummumat*) in Koran und Sunna durch das »Abwägen« (*tarjih*) einander widersprechender Argumente abzuleiten. Die große Masse der einfachen Laiengläubigen, die sich dieser Mühen nicht unterziehen kann, ist nach Allama al-Hilli nicht nur vom *ijtihad* ausgeschlossen. Er ist ihr, um die Welt nicht in Anarchie versinken zu lassen, sogar ausdrücklich untersagt. Die Laiengläubigen müssen sich dem autoritativen Urteil eines von ihnen als besonders gelehrt erachteten *mujtahid* unterwerfen. Sie üben ihm gegenüber Nachahmung (*taqlid*) in religiös-rechtlichen, sozialen und kultischen Angelegenheiten: Sie befolgen die »Ableitungen der Religion« (*furu al-din*), die der *mujtahid* aus den »Prinzipien der Religion« (*usul al-din*) konkretisiert und ihnen in Gestalt präziser Handlungsanweisungen dargelegt hat. Andererseits ist der einfache Laiengläubige in dem Fall, dass sich ein *mujtahid* in einem Urteil irrt, dafür nicht verantwortlich zu machen. Sollten sich zwei *mujtahids* in ihren Urteilen widersprechen, steht es dem Laiengläubigen frei, sich den auszusuchen, dem er folgen will.[5]

Im Prinzip des *ijtihad* liegen die hohe Anpassungsfähigkeit und Flexibilität der schiitischen Theologie begründet, die durch den wiederum von Allama al-Hilli postulierten Grundsatz, nach dem Entscheidungen verstorbener *mujtahids* ihre Gültigkeit verlieren, noch erweitert wurde. Für die große Mehrheit der schiitischen *ulama* gilt bis heute das Diktum: »Tote haben nichts zu sagen« (*la qaula lil-mayyit*). Ein Laiengläubiger kann sich nicht auf die Autorität verstorbener *mujtahids* berufen, wenn er die Entscheidung eines lebenden *mujtahids* ablehnt, da nur der *ijtihad* lebender Autoritäten Gültigkeit hat. Allerdings gab es auch in dieser Frage unter den schiitischen *ulama* immer eine Minderheit, die die »Nachahmung von Toten« (*taqlid al-mayyit*) für erlaubt erachtet. Aktuelle Bedeutung in der Politik erhielt dieses Votum allerdings erst in der Phase nach dem Tode des Gründers der Islamischen Republik Iran, Ayatollah Khomeini.

Bis in die Gegenwart bildet das Prinzip des *ijtihad* die Hauptsäule der Macht der *ulama* über die Gemeinde aus ihnen folgenden laiengläubigen »Nachahmern« (*muqallidun*). Allerdings stellt der *ijtihad* in der Hand der *ulama* ein zweischneidiges Schwert dar. Denn durch ihn können sie sowohl zu konservativen als auch zu progressiven Lösungen neuer Probleme gelangen. Anders ausgedrückt: Der *ijtihad* kann eine unpolitische, quietistische Haltung des Schia-Klerus ebenso begründen wie ein revolutionäre, aktivistische Haltung.[6]

DIE DURCHSETZUNG DER SCHIA IM IRAN UNTER DEN SAFAWIDEN

Eine wichtige Zäsur in der historischen Entwicklung der Schia bildet das Jahr 1501, als es Ismail, dem Anführer eines militanten turkmenischen Derwischordens, gelang, die Macht in Iran zu erobern und die Dynastie der Safawiden (1501–1722) mit der Hauptstadt Tabriz zu etablieren. Ismail (1501–1524), der sich persönlich zu einer recht unorthodoxen Version der Schia bekannte, nahm den bereits in vorislamischer Zeit gebräuchlichen Titel eines Schahs oder Großkönigs (pers. *shahanshah*) an und erhob die Schia zur offiziellen Staatsreligion. Zugleich nahmen Ismail und seine Nachfolger für sich in Anspruch, vom siebten Imam Musa al-Kazim abzustammen und somit Nachfahren des Propheten Muhammad zu sein. Die beanspruchte Imam-Herkunft brachte den Safawiden-Schahs ein sehr hohes religiöses Prestige ein. Es gestattete ihnen, als Stellvertreter des zwölften Imam aufzutreten und als solche im Laufe der Zeit auch von großen Teilen der Bevölkerung anerkannt zu werden. Gestützt auf die von ihnen in einer

Hand zusammengeführte höchste politische und religiöse Autorität, reklamierten die Safawiden-Herrscher einen universellen Herrschaftsanspruch für sich.

Die Safawiden-Schahs benötigten allerdings genügend Schia-Theologen, um die erwünschte und teilweise erzwungene Bekehrung der Bevölkerung, die noch bis ins 17. Jahrhundert größtenteils sunnitisch war, voranzutreiben und so ihre Macht dauerhaft abzusichern. In Iran gab es aber, von den wenigen Schia-Gelehrten in Qom, Maschhad und Rey abgesehen, nur wenige Theologen. Daher waren die Safawiden-Schahs gezwungen, arabische Schia-Gelehrte aus dem Südlibanon, dem Irak und von der Golfküste nach Iran zu rufen, um dem Land eine schiitische Infrastruktur zu geben und die Schia im Volk zu verbreiten. Tatsächlich folgten ab dem frühen 16. Jahrhundert zahlreiche Schia-Gelehrte dem Ruf der Safawiden-Schahs. Ihre Ankunft in Iran legte den Grundstein für ein bis in die Gegenwart erhaltenes dichtes gegenseitiges Beziehungsgeflecht zwischen den führenden Schia-Gelehrtenfamilien in Iran, Irak, im Libanon und in den arabischen Golfstaaten. In der Folge legitimierten die neu angekommenen Schia-Theologen die Herrschaft des Schahs von Iran und knüpften mit staatlicher Unterstützung ein Netz aus schiitischen Institutionen – Schulen, Moscheen, Stiftungen, Lehrstühlen für Professoren, Gelehrten, Richtern und Predigern –, mit dem sie den Iran schrittweise schiitisierten.

Dank dem Wirken dieser Gelehrten, die neben den sunnitischen Rechtsschulen das mystisch-esoterische Sufitum ebenso bekämpften wie extreme, abweichende Spielarten des Zwölferschiismus und der Volksfrömmigkeit, entstand das bis heute stabile Lehr- und Doktrinengebäude der zwölferschiitischen Orthodoxie.[7] Zu dieser Zeit kamen auch die bis heute gebräuchlichen persischen Titel für die Schia-Gelehrten auf, nämlich *molla*, eine Verballhornung des arabischen Worts *maula*

(»Herr, Meister, Freund«), oder das synonym dazu verwandte *achund* (pers., etwa »Lehrer«).

Von Anfang an begünstigten die Safawiden-Herrscher den Gelehrtenstand der schiitischen *ulama* in Iran und Irak massiv, etwa indem sie den heiligen Stätten und theologischen Zentren der Schia umfangreichen Stiftungsbesitz übertrugen. Gemäß dem islamischen Recht gelten Stiftungen bis zum Jüngsten Gericht als unveräußerbar. Da die Schia-Theologen diese Stiftungen selbst verwalteten und die daraus gezogenen Gewinne ihnen unmittelbar zu Gute kamen, konnten die *mujtahids* so – wie auch dadurch, dass sie einträgliche religiöse Ämter wie das des Richters oder des Notars ausübten – im Laufe der Jahrhunderte die Verfügungsgewalt über enorme Reichtümer erlangen. Für die schiitischen Heiligtümer in Iran, allen voran Qom und Maschhad, aber auch für die Schia-Schreine im Irak in Najaf, Kazimiyya, Samara und Kerbela, bewirkte die Safawiden-Herrschaft eine Blütezeit.

Parallel dazu konnte sich die Schia-Geistlichkeit zu einem autonomen Klerus entwickeln und eine in der sunnitisch-islamischen Welt in dieser Form unbekannte Autonomie von den politischen Machthabern erlangen. Vom 16. Jahrhundert an bildeten die schiitischen *ulama* in Iran nach und nach eine hierarchisch gegliederte Geistlichkeit heraus, die mit Verfügungsgewalt über Pfründe, also Stiftungen und religiöse Abgaben, wie den *khums* (»Fünft«; gemeint ist ein Fünftel des Nettoeinkommens eines Gläubigen), ausgestattet war. Ihren Abschluss fand diese Entwicklung im 19. Jahrhundert. Dank ihrer neuen sozialen Machtposition war die selbstbewusst gewordene iranische Schia-Geistlichkeit trotz längerer Phasen gedeihlicher Kooperation seit dem 17. Jahrhundert im Stande und bereit, immer wieder für kurze Phasen mit den weltlichen Machthabern zu konkurrieren. Da sowohl die Safawiden-Schahs als auch der Schia-Klerus jeweils für sich beanspruchten, der einzig legitime Vertreter des verborgenen zwölften Imams zu sein, war eine solche Rivalität unvermeidlich. Zeitweise heftige Spannungen und Konflikte zwischen Schia-Klerus und Schah-Thron waren daher sowohl in der Ära der Safawiden als auch während der Dynastien der Qadscharen (1796–1924) und der Pahlawis (1925–1979) keine Seltenheit.

Eindeutig gestärkt wurde die Position des Schia-Klerus durch den Untergang der Safawiden-Dynastie. Deren Herrscher waren die Einzigen, die dank ihrer behaupteten prestigeträchtigen Abstammung vom Propheten (über Imam Musa al-Kazim) über ausreichend Charisma und Autorität für die religiöse und politische Führerschaft über die Schia verfügten. Die Qadscharen- und Pahlavi-Schahs konnten keine Abstammung von den Imamen mehr für sich reklamieren. Dies schwächte deren Machtposition gegenüber dem Schia-Klerus, der nach den Safawiden zu einem wichtigen Machtfaktor und bisweilen aktiven Gegenspieler und Opponenten autokratischer Schahs aufstieg.

Im Zusammenhang mit der Kontrolle über die heiligen Stätten der Schia im Irak beeinflusste noch ein weiterer Umstand die wachsende Autonomie des Schia-Klerus im Iran gegenüber der Monarchie. Seit dem frühen 16. Jahrhundert versuchten die Safawiden-Schahs, den sunnitischen Osmanensultanen, mit denen sie um die Vorherrschaft über die islamische Welt konkurrierten, die Kontrolle über den Irak, den die Hohe Pforte seit 1508 besetzt hatte, durch Kriege zu entreißen. Nachdem der Südirak mehrmals den Besitzer gewechselt hatte, gelang es dem Osmanenreich 1639, sich dauerhaft des Irak zu bemächtigen. Fortan hatten einflussreiche iranische Schia-Theologen, die in Konflikt mit den Herrschern Irans geraten waren, die Möglichkeit, deren direktem Zugriff dadurch zu entkommen, dass sie Zuflucht in den heiligen Stätten der Schia im Irak suchten und sich dort niederließen.[8]

Das Gleiche galt aber auch umgekehrt: Eskalierten die Konflikte, die irakische Schia-Kleriker mit den Machthabern an Euphrat und Tigris hatten, nahmen sie in der Regel zeitweilig oder für immer Exil in Iran. Von diesen Möglichkeiten der Flucht ins jeweilige Nachbarland sollten Schia-Theologen aus dem Irak und dem Iran oft Gebrauch machen.

DIE IRANISCHE SCHIA BIS ZU DEN QADSCHAREN

Der Iran hat unter den Safawiden eine sehr starke religiöse und kulturelle Prägung erfahren, die bis heute nachwirkt. Die von den Safawiden »von oben« eingeführte Schia hat in zwei Jahrhunderten auch »unten«, also bei der Masse der teils unter Zwang, teils freiwillig konvertierten Bevölkerung, emotional Wurzeln schlagen können. Dazu trugen nicht zuletzt die von den Safawiden eingeführten Rituale und Feste bei, wie die gemeinschaftlichen Pilgerfahrten zu den Gräbern der Imame, die Verehrung von Ali und die Muharram-Passionsfeiern zum Gedenken an den Märtyrer-Imam Husain.
Die identitätsstiftenden religiösen Rituale und kulturellen Chiffren der Schia wurden zu den wichtigsten integrierenden Elementen innerhalb der iranischen Gesellschaft, die auf diese Weise trotz großer territorialer und sprachlicher Unterschiede der in ihr lebenden Völker eine kulturelle und nationale Identität gewann. Die Schiitisierung des Iran trennte fortan das Land von allen seinen Nachbarländern, die mehrheitlich sunnitisch blieben, und zerstörte damit auch unwiderruflich die religiös-konfessionelle Einheit der islamischen Welt.

Die Safawiden-Dynastie brach 1722 nach einem Überfall sunnitischer Afghanenstämme zusammen. Diese hatten im selben Jahr die Safawiden-Hauptstadt Isfahan erobert. Die Fremdherrschaft der Afghanen währte jedoch nur bis 1729, dann konnte sie Nadir Khan, der mächtige Führer des im Nordosten Irans beheimateten turkmenischen Afscharen-Stammes, aus Iran vertreiben. Nachdem er andere Nebenbuhler um die Macht hatte besiegen können, ließ er sich schließlich 1736 als Nadir Schah zum neuen Herrscher des Iran krönen und erkor Maschhad, die Provinzhauptstadt von Khorasan, zur neuen Hauptstadt. Seine bis 1747 währende Gewaltherrschaft zeichnete sich durch zahlreiche Eroberungs- und Raubzüge in die umliegenden Nachbarregionen, etwa in den Kaukasus und nach Indien, aus.

Von Beginn an war Nadir Schah den schiitischen *ulama* feindlich gesinnt. Bestrebt, deren Macht zu brechen, schaffte er die von den Schia-Theologen geleiteten Scharia-Gerichtshöfe (*sharia* bezeichnet das islamische Recht) ab, konfiszierte die meisten der von ihnen verwalteten – prinzipiell unantastbaren – frommen Stiftungen und ließ rebellische Kleriker kurzerhand hinrichten. Zudem verfolgte er den letztlich erfolglosen Plan, den Iran wieder zur Sunna zurückzuführen. Angesichts wachsender Verfolgung flohen zahlreiche namhafte Schia-Theologen aus dem Iran und siedelten sich bei den Imam-Gräbern des Irak, den so genannten heiligen Schwellen (*atabat*), an.

Nadir Schahs autokratisch-zentralistische Bestrebungen hatten ihn bei mehreren turkmenischen Feudalherren, insbesondere aus dem Stamm der Qadscharen, verhasst gemacht. 1747 revoltierten einige seiner ehemaligen Offiziere und töteten ihn. Nadir Schahs Tod leitete eine bis zum Ende des Jahrhunderts währende Phase blutiger Machtkämpfe von rivalisierenden Fraktionen ein. Während dieser Zeit der Wirren, in der das Land ohne starke Zentralgewalt blieb, zerfiel der Iran in Herrschaftsgebiete von regionalen Dynastien und Führern, unter denen aber die iranische Familie der Zand aus Schiraz herausragte. Gestützt auf die Hilfe von lurischen Stämmen aus dem Zagros-Gebirge, konnte ihr wichtigster Führer, Karim Khan Zand (1751–1779), in Schiraz ein Staatswesen errichten, das Süd- und Zentraliran für einige Jahrzehnte Frieden und wirtschaftlichen Aufschwung brachte.[9] Unter der Herrschaft der Zand-Dynastie (1751–1794) wurde auch die Zwölferschia wieder gefördert. Als der letzte Sohn Karim Khan Zands 1795 von seinem Todfeind, dem Führer des nordiranischen Turkmenenstammes der Qadscharen, Agha Mohammed (gest. 1797), gefangen genommen und hingerichtet worden war, fiel der Iran an den Sieger, der die Dynastie der Qadscharen-Schahs (1797–1925) etablierte.

DIE AUSFORMUNG DES SCHIA-KLERUS IN IRAN UND IRAK

Während der Zeit der politischen Wirren im Iran erlebte die Schia im Irak den folgenreichen Sieg der rationalistischen *usuli*-Theologen-Schule über die der Ultratraditionalisten, der *akhbaris*. Ermöglicht wurde dieser Sieg durch die Auswanderung zahlreicher vor der antischiitischen Politik Nadir Schahs im Iran geflohener iranischer Schia-Theologen, die im Irak Asyl fanden. Ihre Ansiedlung gab den theologischen Zentren des Irak Auftrieb, allen voran Najaf und Kerbela. Sie sollten den iranischen Hochburgen der Gelehrsamkeit, wie Qom und Maschhad, bis in die zwanziger Jahre des 20. Jahrhunderts den Rang ablaufen.

Die Safawiden-Schahs hatten im 16. Jahrhundert vor allem Schia-Theologen ins Land gerufen, die der von Allama al-Hilli begründeten rationalistischen »Schule von Hilla« folgten. Sie waren Verfechter des Prinzips des *ijtihad*, also *usulis*, die den Gebrauch der Ratio zur Rechtsfindung auf der Basis vorgegebener verbindlicher Prinzipien (*usul*) verteidigten und sich als kollektive Stellvertreter des Verborgenen Imam Mahdi begriffen. Ihre Doktrin konnte sich jedoch über Jahrhunderte hinweg niemals vollständig gegen den zähen Widerstand der schiitischen Traditionalisten durchsetzen. Letztere bewahrten Skepsis gegenüber den Fähigkeiten der menschlichen Ratio und wollten das *ijtihad*-Prinzip aus der Diskussion über Probleme der Offenbarung Gottes heraushalten. Außer dem Koran ließen sie nur die authentischen, durch glaubwürdige Zeugen überlieferten Aussprüche und Handlungsweisen des Propheten und der Imame als Rechtsquellen gelten. Ihr Name, *akhbaris*, leitet sich von dem theologischen Fachbegriff für »anerkannte überlieferte Nachrichten« (*akhbar*) ab, die für sie die einzige Quelle der Wahrheit darstellten. Die *Akhbari*-Schule sprach jedem Laiengläubigen das Recht zu, sich zur Klärung ihm wichtiger religiöser Fragen ohne Vermittlung eines *mujtahid* direkt den Quellen der Überlieferung zuzuwenden. Eine von den Rationalisten behauptete kollektive Stellvertretung des Mahdi durch den Schia-Klerus lehnten die *akhbaris* ebenso ab wie deren Anspruch, die Gläubigen hätten ihnen gegenüber die Pflicht zur »Nachahmung«.

In den Schia-Zentren des Irak stand das gesamte 18. Jahrhundert im Zeichen erbitterter Dispute und teilweise sogar gewaltsamer Auseinandersetzungen zwischen den in Najaf und Kerbela mobilisierten Anhängern der rationalistischen Schule auf der einen Seite und jenen der traditionalistischen auf der anderen. Am Ende unterlagen die Anhänger der *akhbari*-Doktrin, die innerhalb der weltweiten Zwölferschia heute ein Schattendasein führen und zahlenmäßig nur noch eine verschwindend kleine Randgruppe bilden. Abgesehen von einigen Orten im Südirak, etwa Basra, spielen sie heute nur noch in ihrer Hochburg, dem kleinen arabischen Inselstaat Bahrain, eine wesentliche Rolle.[10]

Der Triumph der Schia-Rationalisten über ihre Gegner im Irak führte zur Ausgestaltung einer schiitischen Orthodoxie, der alle abweichenden Doktrinen und mystischen und »ketzerischen« Strömungen innerhalb der Zwölferschia weichen mussten. Deren Strukturen und Prinzipien hielten im 19. Jahrhundert auch im Iran siegreich Einzug. Hand in Hand mit der Konsolidierung der Schia-Orthodoxie ging in der ersten Hälfte des 19. Jahrhunderts auch die endgültige Ausformung des Schia-Klerus und seiner Hierarchie vonstatten. Symbol dafür ist die Entstehung eines institutionalisierten klerikalen Spitzenamtes, der *marjaiyyat*. Damals schälten sich unter den *mujtahids* im Irak und Iran zum ersten Mal einige namhafte Theologen heraus, die dank ihrer Gelehrsamkeit und Beliebtheit beim Volk den Rang allgemein anerkannter religiöser Autoritäten erwerben und zu so genannten Quellen der Nachahmung (*marja al-taqlid*) aufsteigen konnten. Als ein *marja*, ein Titel, der ab der Mitte des 20. Jahrhunderts synonym mit dem eines Groß-Ayatollahs verwendet wird, gilt seither ein als »Kundigster« unter allen Theologen seiner Zeit betrachteter Kleriker. Seither steht dem Anspruch nach an der Spitze der Klerikerhierarchie ein einziger von allen Gläubigen einmütig als *marja al-taqlid al-mutlaq* (»Absolute Quelle der Nachahmung«) anerkannter Groß-Ayatollah. Bedingung für seine universelle Anerkennung ist, dass er die anderen Groß-Ayatollahs seiner Epoche an Rechtsgelehrtheit und vorbildlicher Frömmigkeit überragt.

Der *marja* wächst gleichermaßen im Laufe der Jahrzehnte in seine Rolle hinein, ohne dass hierfür formale Wahlprozeduren nötig wären. Seine Autorität als befähigtester *mujtahid* beruht auf einem informellen Konsens unter seinen Zunftgenossen und der Masse der einfachen schiitischen Laiengläubigen, der sich schrittweise herauskristallisiert. Fast zeitgleich mit dem Entstehen der *marjaiyyat* bildete sich auch für die restlichen Schia-Geistlichen eine bis heute gültige Rangordnung heraus. In der Rangordnung oben steht der Groß-Ayatollah, gefolgt vom Ayatollah (»Zeichen Gottes«). Auf ihn folgen der *Hujjatulislam wal-Muslimin* (»Autorität des Islam und der Muslime«) sowie zuletzt die Masse der einfachen Geistlichen in noch niederen Rängen, die nur über wenig oder kein theologisches Seminarwissen verfügen. Die Zahl der Ayatollahs und der Hujjatulislam wächst aber seit Mitte des 20. Jahrhunderts inflationsartig an, insbesondere in der Islamischen Republik Iran, wo heute der Erwerb dieser Titel oftmals eher an die Erfüllung politischer als religiöser Kriterien gebunden ist. Die Grafik auf der gegenüberliegenden Seite veranschaulicht die Struktur der iranischen Geistlichenhierarchie in den letzten Jahren.

Der erste schiitische *mujtahid*, dem die Würde einer »Absoluten Quelle der Nachahmung« zuteil wurde, war 1846 Shaikh Muhammad Hasan Najafi. Er lehrte in Najaf, dem ältesten und traditionsreichsten Wissenschaftszentrum (*hauza*) der Schia. Najafi folgte sein aus Iran stammender Schüler Mortaza Ansari, der 1833 nach Najaf übergesiedelt war und 1864 starb. Ansari hinterließ bei seinem Tod eine Lücke. Es sollten fast zwei Jahrzehnte vergehen, während deren mehrere gleichrangige »Quellen der Nachahmung« existierten, bis sich 1882 die untereinander uneinigen Schiiten auf einen Nachfolger für Ansari einigten: Mirza Muhammad Hasan Schirazi, der sich im irakischen Samara niederließ. Shirazi brachte durch sein berühmtes *fatwa* (»Rechtsgutachten«) von 1891 die Tabakkonzession des iranischen Schahs an die Briten zu Fall und bewies, welche politische Macht ein *marja* besaß, wenn er, was allerdings selten geschah, aktiv in die Politik eingriff.

Der letzte unangefochten als »Absolute Quelle der Nachahmung« anerkannte *mujtahid* der Schia war der in Qom lehrende Groß-Ayatollah Husain Ali Borujerdi (1946–1962). Nach dem Tod von Ansari (1864),

Die Hierarchie des Schia-Klerus im Iran

marja-e taqlid-e motlaq
(»Absolute Instanz der Nachahmung«)

Das Amt ist seit 1961 unbesetzt.

Groß-Ayatollah
(Ayatollah Ozma, »Größtes Zeichen Gottes«)

Weltweit gibt es etwa 20 Groß-Ayatollahs, davon 14 im Iran. Bis auf einen (Montazeri) sind alle iranischen Groß-Ayatollahs Gegner der *velayat-e faqih*.

Khomeini war ein Groß-Ayatollah.

Ayatollah
(»Zeichen Gottes«)

Im Iran gibt es heute etwa 5000 Träger dieses Titels. 80 von ihnen, wie Khamenei, haben offizielle Staatsämter oder unterstützen das Regime indirekt; die Übrigen sind Quietisten.

Hujjatulislam
(»Autorität des Islam«)

Am weitesten verbreiteter Rang für Absolventen theologischer Seminare, der im Iran etwa 28 000 Männern zukommt. Rund 2000 Hujjatulislam sind politische Regime-Geistliche, darunter Staatspräsident Khatami, sein Amtsvorgänger Rafsanjani und Nateq-Nuri, der Parlamentspräsident.

Einfache Geistliche

Sie verfügen über wenig (*thiqatoleslam*) oder kein theologisches Seminarwissen. Ihre Zahl beträgt im Iran schätzungsweise 180 000 Personen, darunter rund 4 000 Regimekleriker.

Aus: Wilfried Buchta: *Who Rules Iran*?, Washington 2000, S. 54

Schirazi (1895) und Muhammad Kazim Tabatabai Yazdi (1919) gab es längere Phasen, in denen sich die Schiiten der Welt nicht auf einen einzigen *marja al-taqlid* einigen konnten und mehrere von ihnen nebeneinander wirkten. Der einzelne Gläubige entscheidet in einem solchen Fall selbst, welchen Groß-Ayatollah er als »Nachahmer« (*muqallid*) folgen will. Wenn der Idealfall eines einzigen *marja al-taqlid al-mutlaq* eintritt, der nach schiitischem Glauben über das überlegene Wissen wie der Imam Mahdi verfügt, hat dies für alle schiitischen Laiengläubigen Konsequenzen, da sie dessen Rechtsgutachten oder Bestimmungen für die Lösung bestimmter religiöser oder sozialer Fragen befolgen müssen. Es war Ayatollah Kazim Tabatabai Yazdi, der die Doktrin der verbindlichen Gefolgschaftspflicht des einfachen Gläubigen gegenüber dem gelehrtesten *mujtahid* seiner Zeit in ihrer heutigen Form endgültig ausformulierte.[11] Sie war bereits in den Schriften von Allama al-Hilli im 14. Jahrhundert angelegt, wurde jedoch nie in einer in sich schlüssigen Form theoretisch ausgearbeitet oder konsequent durchgesetzt.

Kazim Yazdi war von 1911 bis 1919 selbst der einzige *marja al-taqlid al-mutlaq*. Spätestens seit Kazim Yazdis Gebot, nach dem auch jede religiöse Handlung eines Gläubigen ohne die Führung durch einen *mujtahid* unakzeptabel ist, sind die Gläubigen der Schia in zwei Gruppen geteilt: eine winzige Minderheit, die *mujtahids*, deren religiöses Wissen sie dazu befähigt, selbst die Gebote des Islam zu deuten, und die große Masse, die dazu nicht in der Lage und den *mujtahids* daher Gefolgschaft schuldig ist. Weil die Gläubigen sich auf keine Person mit allerhöchster Kompetenz einigen konnten, teilten sich nach Kazim Yazdis Tod drei populäre *mujtahids* die Würde einer »Quelle der Nachahmung«, von denen der zuletzt verstorbene, Groß-Ayatollah Abdul-Karim Hairi (1859–1937), in den zwanziger Jahren in den Iran übersiedelte.

Seit Entstehung der Institution der *marjaiyyat* hatten die meisten »Quellen der Nachahmung« ihren Sitz im irakischen Najaf. Qom dagegen war bis in das erste Viertel des 20. Jahrhunderts keine ernsthafte Konkurrenz für Najaf und erfuhr erst in den zwanziger Jahren durch den von Ayatollah Abdul-Karim Hairi angeregten Wiederaufbau der alten, aber weit gehend verfallenen theologischen Fakultät, der *faiziyya*, einen nachhaltigen Aufschwung. Durch die Anerkennung von Groß-Ayatollah Borujerdi (1946) als »Absolute Quelle der Nachahmung« wurde Qom zum ersten Mal Sitz eines *marja*. Mit Borujerdi, der für seine ausgesprochen apolitische und quietistische Haltung bekannt war, starb der letzte hochrangige Kleriker, den die anderen »Quellen der Nachahmung« in der schiitischen Welt in einem informellen Konsens gleichsam als Primus inter pares als »Absolute Quelle der Nachahmung« und als »Papst der Schia« anerkannt hatten. Sein Tod riss eine bis heute nicht geschlossene Lücke, die zu anhaltenden Diskussionen über die Zukunft und Reform der *marjaiyyat* Anlass gab.

Zwischen 1961 und 1970 hatte es den Anschein, als ob sich der in Najaf lehrende Groß-Ayatollah Muhsin al-Hakim (1889–1970), ein irakischer Araber, als Nachfolger von Borujerdi würde durchsetzen können. Ihn unterstützte auch der damalige iranische Schah, Mohammad Reza Pahlavi, und zwar aus dem durchsichtigen Kalkül heraus, keine unabhängige und seiner eigenen Macht entgegenwirkende »Quelle der Nachahmung« im eigenen Land dulden zu wollen. Auf einen ähnlich breiten und einhelligen Konsens seiner Zunftgenossen, wie er noch Borujerdi zuteil geworden war, konnte Muhsin al-Hakim indes nicht bauen. Insbesondere die iranischen Ayatollahs in Qom wollten nicht, dass ein Araber wie al-Hakim, der zudem noch in Najaf, Qoms größtem Konkurrenten, residiert, zur absoluten »Quelle der Nachahmung« aufsteigt. Daher blieb die *marjaiyyat*-Gefolgschaft von Muhsin al-Hakim im

Wesentlichen auf die arabischen Schiiten des Irak und anderer arabischer Länder beschränkt.

Nach Muhsin al-Hakims Tod 1970 teilten sich seit Mitte der siebziger Jahre ein halbes Dutzend im Iran und im Irak lebender Groß-Ayatollahs die *marjaiyyat*. Einer von ihnen war Ayatollah Ruhollah Khomeini (1902–1989), der Führer eines politisierten und radikalen Flügels der Schia-Geistlichkeit im Iran. Er war 1963 mit dem Schah-Regime in Konflikt geraten und darauf des Landes verwiesen worden. Muhsin al-Hakims Nachfolge als führender Geistlicher des Irak trat Groß-Ayatollah Abolqasem al-Khoi an, ein Iraner, der die meiste Zeit seines Lebens in Najaf gelebt und gelehrt hatte und für seine kategorische Ablehnung jeder Vermischung von Religion und Politik bekannt war. Während Khomeini im Najafer Exil weilte, brachten ihn seine revolutionäre Gesinnung und Lehren in permanenten Zwist mit al-Hakim und al-Khoi, was die Ausstrahlungskraft von Khomeinis Ideologie auf die irakische Schia einschränkte.

CHARAKTERISTIKA UND FINANZIELLE BASIS DES SCHIA-KLERUS

Viele schiitische Geistliche tragen das privilegierende Attribut eines *sayyid* (wörtlich: »Herr«; pers. *seyyed*) in ihrem Familiennamen. Es bedeutet, dass sie aus Familien stammen, die eine Abkunft von den leiblichen Nachkommen des Propheten Muhammad und damit auch eine enge Verwandtschaft mit den elf Imamen für sich in Anspruch nehmen. In der sunnitischen Welt werden solche Prophetennachkommen *sharif* (»Edler«) genannt. Die Sayyids sind im schiitischen Klerus leicht an ihrer Kopfbekleidung erkennbar: Allein sie haben das Recht, einen schwarzen Turban zu tragen.

Nur selten können sich alle Laiengläubigen auf einen einzigen *mujtahid* einigen, der als der Gelehrteste und

Frömmste gilt, deshalb wirken im Regelfall mehrere Groß-Ayatollahs nebeneinander, die in ihrer Gesamtheit die Spitze der geistlichen Hierarchie bilden. Unter diesen Groß-Ayatollahs gibt es eine unausgesprochene Rangordnung, die auf der jeweiligen Anzahl der laienreligiösen Nachahmer beruht. Je größer die Zahl der Nachahmer, desto höher sind die finanziellen Einkünfte. Die Hauptquelle dieser Einkünfte ist der *khums* (»Fünft«), eine religiöse Abgabe, die sich auf ein Fünftel des Nettojahreseinkommens eines Gläubigen beläuft und die dem Gesetz nach dem Verborgenen Imam Mahdi gebührt.

Seit dem 19. Jahrhundert gilt, dass die einfachen Gläubigen den *khums* allein an den *marja* ihres Vertrauens oder dessen von ihm autorisierten Vertreter vor Ort zu entrichten haben. Der als Treuhänder des Imam fungierende jeweilige *marja al-taqlid* verwendet die Hälfte des *khums*, den so genannten Anteil des Imam (*sahm al-imam*), für religiös-karitative Zwecke. Er sieht einen bestimmten Teil dieses Geldes für »Monatsstipendien« (*shahriyya*) zum finanziellen Unterhalt bei ihm lernender Theologiestudenten (*talaba*) vor. Sie sollen nach Beendigung ihrer Ausbildung und nach Rückkehr in ihre Heimatorte oder Entsendung in ihnen fremde Teile der schiitischen Welt das Ansehen ihres alten Förderers und *marja* nach Kräften mehren. Viele ehemalige Schüler dieser »Quellen der Nachahmung« kommen aus weit entfernten und sehr unterschiedlichen Regionen wie Zentralindien, Afghanistan, Libanon, Aserbaidschan, Ostafrika und Saudi-Arabien. Dieser Umstand war nicht nur der Schaffung eines kosmopolitischen Korpsgeistes unter den *talaba* und Dozenten der schiitischen *hauza* zuträglich. Er half den *marja* darüber hinaus oft, ihren Einfluss auch jenseits der Landesgrenzen ihrer eigenen Wirkungsstätte geltend zu machen. Durch ihre eigenen finanziellen Ressourcen waren die großen »Quellen der Nachahmung« traditionell unabhängig vom Staat. Dank ihrer großen Gefolgschaft aus Geistlichen und Laiengläubigen waren sie zudem stets ein potenziell mächtiger politischer Faktor, den es zu berücksichtigen galt – auch wenn sie sich, was bis 1979 unter den Schia-Geistlichen generell üblich war, nur selten direkt in die Politik einmischten.

Allerdings erreichen nur wenige *mujtahids* die höchste Rangstufe einer »Quelle der Nachahmung«. Die Hürden auf diesem Weg sind hoch. So muss sich ein Aspirant mindestens vierzig Jahre dem theologischen Studium und der praktizierten Lehre gewidmet und – so die seit Mitte des 20. Jahrhunderts feststehende ungeschriebene Regel – zum Abschluss eine große theologische Abhandlung (pers. *resale-ye amaliye*) verfasst haben. Ein weiteres Charakteristikum der Klerikerhierarchie ist, dass kein *mujtahid* einem anderen folgen darf, sondern verpflichtet ist, selbst zu urteilen. Daher sind die Lehren eines Groß-Ayatollahs nur für seine Anhänger maßgeblich, wobei über die meisten und grundlegenden Fragen unter den *mujtahids* allerdings Einigkeit herrscht. Einen Dogmen verkündenden »Papst« wie im Katholizismus kennt die Schia nicht. Ist ein Gläubiger unzufrieden mit seiner »Quelle der Nachahmung«, kann er eine andere auswählen, was ohnehin zwingend notwendig ist, falls ein Groß-Ayatollah stirbt. Denn nach Meinung der großen Mehrheit der Schia-Geistlichen ist es untersagt, einer toten »Quelle der Nachahmung« zu folgen, deren Rechtsgutachten damit auch ihre Gültigkeit verlieren.

Trotz seiner hierarchischen Struktur ist der Schia-Klerus weder zentralisiert noch durchgängig straff organisiert. Vielmehr wird er durch Organisationsprinzipien beherrscht, die Pluralismus, Koexistenz und Konkurrenz unter den Geistlichen förderlich sind und sich auch an der Struktur einer jeden *hauza*, des aus verschiedenen Schulen und Seminaren bestehenden religiösen Wissenschaftszentrums, ablesen lassen. So genießt in der *hauza* jedes einzelne theologische Seminar administrative Autonomie. Die *ulama* umschreiben ihr Ordnungsprinzip gern mit der Formel: »Die Ordnung der Geistlichkeit besteht in ihrer Unordnung.«

Naturgemäß haben diese »anarchisch-demokratischen« Organisationsprinzipien der schiitischen Geistlichkeit auch ihre Schattenseiten. So sind Meinungsverschiedenheiten aller Art und heftige persönliche Rivalitäten fester Bestandteil der klerikalen Alltagskultur. Oft haben diese Rivalitäten ihre Wurzel in Neid und Eifersucht über die Größe der Gefolgschaft von klerikalen Nebenbuhlern und den damit verbundenen finanziellen Einkünften. Eine andere Wurzel dieser Rivalitäten ist der Streit um die administrative Verfügungsgewalt über religiöse Stiftungen und von spendenfreudigen Pilgern besuchte lokale und nationale Grabheiligtümer – allesamt Einrichtungen, die ihren Verwaltern nicht nur Prestige, sondern auch Geld und damit sozialen und wirtschaftlichen Einfluss einbringen.

Najaf im Irak und Qom im Iran sind seit Jahrhunderten die wichtigsten religiösen Ausbildungsstätten der Schia. In sie zieht es schiitische Seminaristen aus Bahrain und den anderen Golfmonarchien, aus dem Irak, Iran, Afghanistan, Pakistan, Nordindien und dem Libanon, um bei den dort residierenden Groß-Ayatollahs und anderen schiitischen Geistesgrößen zu studieren. Vor allem in Najaf, das sowohl von der arabischen als auch von der iranischen Kultur geprägt ist, entwickelten die Kleriker seit alters einen nationalitäten-übergreifenden Korpsgeist, der aber, wie beschrieben, Rivalitäten nicht ausschließt.

DIE SCHIA IM 19. JAHRHUNDERT

Die neuen Qadscharen-Schahs des Iran machten 1797 Teheran zu ihrer Hauptstadt und bemühten sich zur

Konsolidierung ihrer Macht um ein gutes Verhältnis zum orthodoxen Schia-Klerus. Das Werben um die führenden Schia-Geistlichen, die die Qadscharen-Schahs an ihren Hof zu ziehen und sich durch Gunstbeweise wohl gesinnt zu machen suchten, wurzelte vor allem in der schwachen politischen und religiösen Legitimation der Qadscharen. Sie waren turkmenischer Abstammung und konnten daher – anders als etwa die Safawiden – kein durch Abstammung vom arabischen Propheten Muhammad oder den ebenfalls arabischen Imamen der Schia hergeleitetes religiöses Herrschaftscharisma für sich beanspruchen. Andererseits waren die meisten der führenden Schia-Kleriker durchaus willens, mit den Qadscharen-Schahs begrenzt zusammenzuarbeiten, vorausgesetzt, die Kooperation war den beiderseitigen Interessen dienlich.

Tatsächlich überließen die schiitischen *mujtahids* während der ganzen Qadscharen-Herrschaft den Schahs die Aufgabe, das Land militärisch zu verteidigen und für Recht und Ordnung zu sorgen. In dieser Zeit übernahmen sie selbst das Amt der geistlichen Wächter über die Durchsetzung der von der Offenbarung abgeleiteten rechtlichen Ordnung (*sharia*) und prüften die Legitimität der Regierungsentscheidungen. Daher stellten die *mujtahids* auch bis zum Ende der Qadscharen-Herrschaft nie die Legitimität des Königtums an sich in Frage.

Wie gut das ungeschriebene Konkordat zwischen weltlicher und geistlicher Macht im Iran funktionierte, zeigte sich an der Niederschlagung der 1844 aufgetauchten Babismus-Bewegung, einer abweichenden, sich besonders auf die Wiederkunft des Propheten konzentrierenden Spielart der Schia, die auch sozialrevolutionäre Züge aufwies. Ihr Gründer, Sayyid Ali Mohammed, ein schiitischer Wanderprediger und Sozialreformer, gab sich als *bab* (»Tor«) aus, und zwar als Tor zur Erkenntnis der göttlichen Wahrheit. Mit seinen Predigten gegen die Käuflichkeit und Korruptheit der schiitischen Kleriker und die Ausbeutung des Volkes durch die Qadscharen und ihre lokalen Stellvertreter gewann er bald in vielen Gegenden Irans zahlreiche Anhänger. Als sich Sayyid Ali Mohammed 1847 sogar als der erwartete Mahdi zu erkennen gab, verfiel er endgültig dem Bannstrahl der orthodoxen Schia-Geistlichkeit, die ihn zum Ketzer und Ungläubigen erklärte. Der neue König Nasir al-Din Schah (1848–1896) handelte rasch und entschlossen und ließ die in mehreren Regionen Irans ausgebrochenen Babi-Aufstände grausam ersticken und einen großen Teil der gefangenen Babi-Anhänger hinrichten. Auch Sayyid Ali Mohammed endete so 1850 vor einem Erschießungskommando in Tabriz.

Militärisch besiegt und religiös vom orthodoxen Schia-Klerus mit dem Stigma des Ketzertums versehen, hatte sich die Babi-Bewegung in Iran bald erschöpft. Ein Teil der Babi-Führungselite emigrierte nach Bagdad, wo schließlich 1863 Bahaullah (»Glanz Gottes«), ein enger Schüler des erschossenen *bab*, dessen Werk fortsetzte. Gestützt auf seinen Anspruch, eine »göttliche Manifestation« zu sein und als ein neuer Prophet die Kette der von Gott gesandten Propheten fortzuführen, gründete Bahaullah die aus den Babis hervorgegangene Religionsgemeinschaft der Bahai, die heute in der israelischen Stadt Haifa ihr Weltzentrum hat. Unter ihm und seinen Nachfolgern breitete sich der Bahaismus nach Europa und Nordamerika und später auch nach Indien aus. Gegenwärtig zählt diese Religionsgemeinschaft weltweit etwa sechs Millionen Anhänger, darunter auch etwa 300 000 in ihrem Ursprungsland Iran, wo sie bis heute als eine vom Islam abgefallene Sekte gelten und verfolgt werden.

Die Qadscharenzeit bedeutete für den Iran eine Epoche der kulturellen und wirtschaftlichen Stagnation, da die Qadscharenschahs unfähig und unwillig waren, die Staatsverwaltung und das Militär ernsthaft zu modernisieren und zu reformieren. Die zentralstaatliche Kontrolle über weite Teile des Landes war unter den Qadscharen allenfalls dem Anspruch nach vorhanden. Hinzu kam, dass bereits unter Fath Ali Schah (1797–1834) das nachhaltige Eindringen der europäischen Großmächte Russland und Großbritannien in den Iran einsetzte, zweier Mächte, die die Geschicke des Landes bis in die Mitte des 20. Jahrhunderts entscheidend beeinflussen sollten. Im Inneren des Iran lieferten sich fortan russische und britische Diplomaten und Wirtschaftsvertreter am Qadscharenhof einen Wettkampf um den Erhalt wirtschaftlicher Konzessionen, deren Vergabe die politische Unabhängigkeit des Landes unablässig aushöhlte. Angesichts dessen ist verständlich, dass sich der Zorn breiter Volksschichten gegen den Lakaien-Schah im Dienste ausländischer Mächte richtete. Er hatte sich nicht nur wirtschaftlich, sondern auch militärisch in eine Abhängigkeit gegenüber den »Fremden« begeben. Beispielhaft dafür ist die Nasir ad-Din Schah von der russischen Zarenregierung 1879 abgezwungene Zustimmung zum Aufbau einer von russischen Offizieren befehligten Kosakenbrigade, die rasch zum modernsten und schlagkräftigsten Truppenteil der iranischen Streitkräfte avancierte.

Mit dem Ausverkauf der einheimischen Wirtschaft an »Fremde« machte sich der Schah aber zunehmend den engsten Verbündeten der schiitischen Kleriker, den Bazar, der die traditionelle Wirtschaft der iranischen Städte mit Handel und Handwerk vertrat, zum Feind. Bazar und Klerus leben im Iran seit alters in einer symbiotischen Interessengemeinschaft, da viele Geistliche dieser Schicht von mittelständischen Geschäftsleuten durch verwandtschaftliche Verbindungen sozial eng verbunden sind. Zudem sind die führenden Geistlichen von den besonders spendenfreudigen Bazarhändlern abhängig, weil ein Großteil des vom Klerus verwalteten *khums* aus den Einkünften der Bazaris stammt. Wohl und Wehe einzelner großer *mujtahids* war damit stets auch von der Gunst und den Geldspenden der führenden Bazargroßhändler abhängig, denen wie – jedem Gläubigen – die Wahl freistand, an welchen *mujtahid* sie ihre Abgaben leisteten. Wenn ein *mujtahid* nicht in der Lage ist, selbst wieder wohltätige Spenden, beispielsweise für die Stipendien seiner Studenten, zu vergeben, so war sein Bedeutungsverlust unabwendbar.

Die allgemeine dumpfe Unzufriedenheit in der iranischen Bevölkerung gegen den Schah und dessen Ausverkauf des Landes an ausländische Interessen schlug 1890 in offenen Massenprotest um. Anlass dazu war das Handelsmonopol auf Tabak, das der Schah einer britischen Firma für vierzig Jahre abgetreten hatte. Ein Bündnis aus bürgerlich-nationalen Einzelpersonen, Bazarhändlern und hochrangigen Schia-Geistlichen, die das einfache Volk hinter sich hatten, organisierte einen Tabakboykott, um den Schah zum Nachgeben zu zwingen. Den Ausschlag gab ein Rechtsgutachten (*fatwa*), das dem damaligen ranghöchsten Schia-Kleriker, Groß-Ayatollah Hasan Schirazi, zugeschrieben wurde. Darin verurteilte er 1891 das Rauchen als feindlichen Akt gegen den Verborgenen zwölften Imam der Schia. Der durch eine *fatwa* gestützte Boykottaufruf zeigte überall im Land eine so unfassende Wirkung, dass sogar die Haremsdamen des Qadscharen-Hofs den Tabak verschmähten. Angesichts dieses Widerstands zog der Schah die Konzession 1892 zurück. Nasir ad-Din Schah überlebte den Gesichtsverlust, den ihm der erfolgreiche Tabakprotest zugefügt hatte, nur vier Jahre. 1896 starb der verhasste Despot durch Schüsse, die ein junger persischer Nationalist auf ihn abgefeuert hatte. Doch war sein Sohn und Nachfolger Muzaffar ad-Din Schah (1896–1907) kaum weniger despotisch. Zwar willensschwächer als sein Vater, aber genauso verschwendungssüchtig wie er, suchte Muzaffar al-Din Schah die hohen Kosten für seine Hofhaltung und Europareisen durch erneute Monopolvergaben an Russen und Briten zu finanzieren. Im Zuge dieser Politik erhielt die Anglo-Persian Oil Company 1901 die Konzession, in Iran nach Erdöl zu bohren.

Die in der Geschichte Irans als »Tabakprotest« bekannte Episode illustriert nicht nur sehr gut den gewaltigen gesellschaftlichen Einfluss der Schia-Kleriker. Vielmehr zeigt sie auch deren im 19. und 20. Jahrhundert wahrgenommene doppelte Rolle als Hüter der Bevölkerungsinteressen gegen unerträglich gewordene autokratische Einzelakte der Schahs einerseits und als Protektoren der nationalen iranischen Interessen gegenüber dem wachsenden politischen und wirtschaftlichen Einfluss europäischer Mächte in Iran andererseits.

GLAUBENSPRINZIPIEN, VOLKSFRÖMMIGKEIT UND THEOLOGIE

SCHIITISCHE GLAUBENSPRINZIPIEN UND UNTERSCHIEDE ZUR SUNNA

Das Imamat gehört der Schia nach zu den fünf theologischen Grundprinzpien der Religion: 1. *imama*; 2. *adala* (»Gerechtigkeit«), gemeint ist die Gerechtigkeit Gottes, die auch impliziert, dass er die Menschen zu keiner Zeit ohne Führer, also die Imame, lässt; 3. *tauhid* (»Einheit«), der Glaube an die Einheit Gottes; 4. *nubuwwa*, der Glaube an die Prophetenschaft Muhammads, und 5. *maad* (»Auferstehung«), der Glaube an die Auferstehung und das Jüngste Gericht. Während Schiiten und Sunniten sich über die Anerkennung der letzten drei Prinzipien bestreiten die Sunniten die Gültigkeit von *adala* und *imama*.

Trotz einer ganzen Reihe elementarer religiöser Gemeinsamkeiten sind Sunniten und Schiiten gleichzeitig durch eine Vielzahl religiös-politischer und kultischrechtlicher Differenzen getrennt, von denen hier die wichtigsten skizziert werden. Der wichtigste Streitpunkt betrifft die Frage des Imamats. Für die Schiiten waren die zwölf Imame, also Ali und eine bestimmte Reihe von Nachkommen aus seiner Ehe mit der Tochter des Propheten, Fatima, von Gott zur Herrschaft über die islamische Gemeinde vorgesehen. Als Belege und Rechtfertigungen dafür zitieren schiitische Historiker neben mehreren Koranversen vor allem einige überlieferte Äußerungen des Propheten Muhammad (*hadithe*), die ihm auf dem Weg nach Medina bei der Rückkehr von der letzten Wallfahrt nach Mekka im Jahr 632 an dem nahe Medina gelegenen »Teich von

Khumm« (*ghadir khumm*) mit Blick auf Ali zugeschrieben wurden. Der entscheidende Satz lautet: »Der, dessen Herr (*maula*) ich bin, dessen Herr ist auch Ali.« Die Ereignisse von Khumm sind für das schiitische Geschichtsverständnis von größter Bedeutung, was auch erklärt, dass die Zwölferschiiten zur Erinnerung an sie alljährlich das Ghadir-Fest (*id al-ghadir*) begehen, das in Iran auch seit Jahrhunderten ein offizieller Feiertag ist.

Die Sunniten erkennen zwar die Authentizität des Propheten-*hadith* von *ghadir khumm* an, interpretieren ihn aber in einer Weise, die den Herrschaftsanspruch Alis und der Imame negiert. Die Schiiten glauben, es sei Gottes eigene, durch Muhammad der Gemeinde kundgegebene Entscheidung gewesen, dass Ali als erster Nachfolger Muhammads Führer der islamischen Gemeinde hätte werden sollen. Daher sei die Wahl Abu Bakrs durch die Mehrheit der Prophetengenossen ein nichtiger Akt gewesen, durch den sie sich nach Überzeugung der Schia schwer an Ali versündigt und dem Willen Gottes widersetzt hätten.

Der Schia zufolge sind die Imame mit einer göttlichen Lichtsubstanz ausgestattete, unfehlbare, sündlose und mit dem potenziellen Wissen über die Verborgenen und zukünftigen Dinge (*ilm al-ghaib*) begnadete Wesen, die allein als Garanten des wahren Glaubens dienen können. Die Sunniten hingegen bestreiten, dass ein Mensch, Muhammad ausgenommen, sündlos sein könne, und lehnen darüber hinaus auch die schiitische Lehre vom Verborgenen zwölften Imam, dem »erwarteten Rechtgeleiteten« (*al-Mahdi al-muntazar*), ab. Auf den Glauben an die Unfehlbarkeit der schiitischen Imame gestützt, rangieren für die Schiiten die *hadithe* der Imame, die zwar terminologisch von den *hadithen* des Propheten geschieden sind, de facto gleichwertig neben den Propheten-*hadithen* und sind für die Anerkennung von deren Echtheit unverzichtbar. Die Gleichrangigkeit von Propheten-*hadith* und Imam-*hadith* in der Schia ist für die Sunniten unannehmbar.

Ebenfalls auf Ablehnung stößt bei den Sunniten die schiitische Auffassung, nach dem Tod des Propheten gebühre allein den Imamen die legitime politische Herrschaft, was aus schiitischer Sicht wiederum alle Kalifats-Theorien der Sunniten nichtig macht. Die *hadithe* sind eine der unverzichtbaren Grundlagen für das islamische Recht (*sharia*) und die islamische Rechtswissenschaft (*fiqh*), zwei Bereiche, in denen es zwischen Sunna und Schia vielfältige Meinungsverschiedenheiten im Hinblick auf die Rechtsinhalte und die korrekten Methoden der Rechtsfindung gibt. So regelt das islamische Recht nicht nur das Verhältnis des Menschen zu Gott, also Fragen der Observanz von Kultus und Ritus (*ibadat*), sondern auch die sozialen Interaktionen der Menschen zueinander (*muamalat*). Die *ibadat* betreffen in erster Linie Fragen der Pilgerfahrt (*hajj*), des Gebets (*salat*), des Fastens (*saum*), des Gebetsrufes (*adhan*) und der Gebetszeiten. Die *muamalat* hingegen erstrecken sich primär auf Fragen des Erb-, Familien-, Ehe-, Scheidungs- und Vormundschaftsrechts. Die Abweichungen zwischen Sunna und Schia im Bereich des *fiqh* sind nicht größer als die Unterschiede, die zwischen den vier sunnitischen Rechtsschulen untereinander über Fragen der Rechtswissenschaft existieren. So weichen in der Ausübung religiöser Riten und Pflichten, den *ibadat*, die vier sunnitischen Rechtsschulen und die Zwölferschia nur geringfügig voneinander ab.

Bei den sozialen Transaktionen, den *muamalat*, hingegen existieren signifikante Unterschiede, und zwar primär auf den Feldern von Heirat, Scheidung und Erbschaft.[12] Anhand der nur von der Schia anerkannten und praktizierten »Genussehe« auf Zeit (*muta*, »Genuss«) lässt sich dies gut darstellen. Während die Schiiten es für zulässig halten, dass sich ein männlicher Gläubiger durch einen zeitlich befristeten schriftlichen

Heiratsvertrag mit einer Frau für eine bestimmte Zeit verbindet, wobei die Spanne von einer Stunde bis 99 Jahre reichen kann, verwerfen die Sunniten dies als eine durch Rechtskniffe legalisierte Form der Prostitutionsförderung. In der Gegenwart wird diese Heiratsform allem Anschein nach jedoch kaum mehr praktiziert.[13]

Die Frage nach der Beurteilung der Prophetengenossen, der *sahaba*, bildet den zweitwichtigsten Streitpunkt zwischen Sunniten und Schiiten. Die *sahaba* sind nach Meinung der Sunniten in ihrer Gesamtheit die entscheidenden Gewährsleute für die Kodifizierung des Korans und für die Propheten-*hadithe*. Dagegen dazu vertreten die Schiiten die Auffassung, daß die große Mehrheit der *sahaba* durch ihre Weigerung, Alis Anspruch auf die Leitung der Gemeinde zu unterstützen, schwere Sünden gegen den Islam begangen hätten. Das Verständnis einer richtigen Auslegung des Korans und der Propheten-*hadithe* gründet sich bei den Sunniten primär auf die *sahaba* als Gewährsmänner, und sie besitzen auch – anders als die Schia mit ihren *hadithen* der unfehlbaren Imame – keine andere Garantie für die richtige Auslegung dieser grundlegenden Quellen. So können sie die schiitische Überzeugung von den gravierenden Verfehlungen der meisten *sahaba* – an ihrer Spitze neben der Prophetenwitwe Aisha die drei ersten Kalifen Abu Bakr, Umar und Uthman – auf keinen Fall akzeptieren.

Die Safawiden-Schahs im Iran führten den bis zum 18. Jahrhundert geübten Brauch ein, die drei ersten sunnitischen Kalifen bei jedem Freitagsgebet verfluchen zu lassen. Seit der Safawiden-Ära verbreiteten sich im Iran antisunnitische Volksfeste, wie das *id-e omar-koshan*, ein aus Anlass der Ermordung Umars (642) gefeiertes Freudenfest, bei dem Umar nachgebildete Strohpuppen verbrannt und sein Name geschmäht wurden. Feste dieser Art, die unter der Pahlawi-Monarchie und unter der Islamischen Republik streng verboten waren, sind im Iran mittlerweile fast verschwunden.[14]

Einen weiteren wichtigen Stein des Anstoßes zwischen Sunniten und Schiiten bilden bestimmte Glaubenslehren der Schia, speziell aus dem Bereich der Volksfrömmigkeit. Auf Ablehnung der Sunniten trifft beispielsweise ein großer Teil der Praktiken, die die Gläubigen bei den schiitischen Passionsriten anlässlich der Muharram-Feierlichkeiten üben. Die Sunniten betrachten viele der von den Schiiten geübten volkstümlichen Muharram-Rituale entweder als Manifestationen eines verurteilenswerten religiösen »Übertreibertums« (*ghuluw*) oder als »ketzerische Neuerung« (*bida*) mit ausgeprägt sunnafeindlicher Stoßrichtung. Im Mittelpunkt der sunnitischen Kritik stehen dabei meist die Selbstgeißelungen mit Schwertern und Messern (pers. *qame-zani*) sowie mit Ketten (pers. *zanjir-zani*). In Ländern wie Pakistan, Libanon und Irak, in denen Sunniten und Schiiten in enger Nachbarschaft leben, kam und kommt es anlässlich der Muharram-Feierlichkeiten und insbesondere zu deren Höhepunkt, dem *ashura*, zwischen Anhängern beider Seiten immer wieder zu heftigen Zusammenstößen mit zahlreichen Verletzten und Toten.

VOLKSFRÖMMIGKEIT: DIE MUHARRAM-PASSIONSFEIERN

Jedes Jahr während der ersten zehn Tage des islamischen Mondmonats Muharram begehen die Schiiten der Welt unter lautem Weinen und Wehklagen Trauerzeremonien aus Anlass des Martyriums des dritten Imams Husain. Der Kulminationspunkt dieser Feste, die in ihrer Gesamtheit einen großen Komplex von Buß- und Trauerritualen bilden, ist der 10. Muharram, der *ashura* (»Zehner«) genannt wird. Zweck der Feiern ist die Vergegenwärtigung des Martyriums von Imam Husain, der 680 in der Ebene von Kerbela mit seinen

Gefährten von den Truppen des Umayyaden-Kalifen Yazid eingeschlossen und später in der Schlacht getötet wurde. Der einfache Gläubige wird während des Muharrams befähigt, an Husains Leiden Anteil zu nehmen und einen Teil seiner individuellen Sünden und der historischen Kollektivschuld der Schia abzubüßen.

Wir erinnern uns: Imam Husain war nach Aufforderung der Anhänger der Schia in Kufa, die dem neuen Umayyaden-Kalifen Yazid den Treueeid verweigerten, in den Irak gezogen. Dort hatten ihn die Bewohner von Kufa bei seinem letzten Gefecht gegen die zahlenmäßig weit überlegenen Truppen des Kalifen in der wasserlosen Ebene von Kerbela im Stich gelassen. Gepeinigt von Reue und selbstquälerischen Gewissensbissen und wegen ihrer schändlichen Treulosigkeit übermannt, begaben sich im Jahr 684 einige bewaffnete kufische Parteigänger der Schia, die später als »die Büßer« (*al-tawwabun*) bekannt wurden, zum Grab Husains nach Kerbela. Dort weinten und klagten sie mit geschwärzten Gesichtern einen Tag und eine Nacht an seinem Grab und baten ihn um Vergebung für ihr Versagen. Danach zogen sie nach Syrien in die Schlacht gegen ein überlegenes Umayyaden-Heer, um den herbeigesehnten, als Buße und Erlösung betrachteten Tod zu empfangen.

Der Tod Husains in Kerbela bildet den Anfang der Schia als religiöses Phänomen, das sich gut an dem historisch dokumentierten Zug der todessehnsüchtigen »Büßer« festmachen lässt. Fortan sollte das Martyrium Husains den Dreh- und Angelpunkt der in Riten festgelegten Religiösität der Schiiten bilden. Den Schiiten gilt bis heute Husains Tod als Höhepunkt eines von Gott vorgegebenen Heilsplans, an dessen Verheißungen all jene teilhaben werden, die sich der Partei des sündlosen Märtyrer-Imam Husain anschließen. Die ritualisierten Muharram-Feierlichkeiten sind der eigentliche religiöse Kern des schiitischen Islam, da sich der Zusammenhalt, die Selbstvergewisserung und die kollektive Identität der schiitischen Gemeinde in erster Linie darauf gründet, dass sie die Passionsrituale nachvollzieht. Das Bekenntnis zu den in den kanonischen Werken der Theologen festgelegten Dogmen spielt für sie dagegen eine nachgeordnete Rolle.

Die Religionswissenschaft kann bis heute die Ursprünge der Muharram-Riten nicht mit absoluter Gewissheit bestimmen. Einige ihrer Wurzeln sind vermutlich in vorislamischen religiösen Überlieferungen zu suchen. Da der historische Ursprung der Schia in Mesopotamien, dem heutigen Irak, liegt, vermuten einige Wissenschaftler, dass sich Ursprünge der Muharram-Riten bei Religionsgemeinschaften wie den Manichäern, Juden oder Christen finden lassen, die in Mesopotamien unter der Herrschaft der Achamäniden (550–331 vor Chr.), der Parther (250 –225 n. Chr.) und Sassaniden (225–651 n. Chr.) lebten. Alle diese Religionsgemeinschaften kannten das Phänomen der Bußübung des Weinens beim Gebet, um so den Körper von Sünden zu befreien und partielle Erlösung zu finden.

Im Glauben der Schia kamen – mit Ausnahme des Imam Mahdi – alle Imame als Blutzeugen (*shuhada*, Sing. *shahid*) gewaltsam zu Tode, weshalb ihrem Leiden, insbesondere dem Husains und seiner Angehörigen, der Charakter eines Selbstopfers zugeschrieben wird. Da die »sündlosen« Imame aus freien Stücken einen Teil der Strafe auf sich nehmen, die eigentlich den menschlichen Sündern zugedacht ist, bewahrt ihr stellvertretendes Leiden die Menschheit dem Glauben der Schia zufolge davor, von der göttlichen Gerechtigkeit mit ungebremster Wucht heimgesucht zu werden. Ferner ermöglicht ihr Selbstopfer den Märtyrern, eine Mittlerrolle bei Gott einzunehmen. Hier sind durchaus Parallelen zwischen den Vorstellungen vom stellvertretenden Leiden in der Schia und im Christentum erkennbar. Diese Ähnlichkeiten dürfen aber über grundlegende Unterschiede nicht hinwegtäuschen. So kennt der Islam, und zwar bei Schia und Sunna gleichermaßen, nicht die christliche Vorstellung von einer existenziellen Sündhaftigkeit, der Erbsünde des Menschen. Vielmehr hebt das stellvertretende Leiden der Imame im Glauben der Schia nur die vom Gläubigen durch individuelle Missetaten bewirkten Strafen Gottes auf.[15]

Der Mensch schuldet den Imamen also Dank für sein stellvertretendes Leiden. Um diese Schuld zu begleichen, stehen ihm prinzipiell zwei Wege offen: durch das Weinen an ihren Grabschreinen und durch die – zumindest symbolische – Bereitschaft, den Märtyrertod willig auf sich zu nehmen. Daher gehört seit alters der Besuch (*ziyara*) der Gräber der Imame zu den verdienstvollen, weil heilbringenden Werken, die ein Schiit tun kann. So reisen jedes Jahr Millionen von Schiiten zu den vier Gräbern der Imame auf dem Friedhof al-Baqi in Medina, zu den Gräbern der sechs in irakischer Erde bestatteten Imamen Ali, Husain, Muhammad al-Jawad, Musa al-Kazim, Hasan al-Askari und Ali al-Hadi sowie zum Schrein von Ali al-Rida im iranischen Maschhad.

Seit Beginn der Buyyiden-Herschaft im Irak haben sich zahlreiche schiitische Machthaber und reiche Gönner aus aller Welt nicht nur daran beteiligt, den Unterhalt und die bauliche Verschönerung und Vergrößerung der Mausoleen sicherzustellen. Darüber hinaus haben sie auch durch von ihnen ins Leben gerufene Stiftungen (*auqaf*) den materiellen Grundstock jenes Reichtums gelegt, von dem die Schreine und ihre klerikalen Verwalter bis heute zehren. Um den zur Fürsprache bei Gott befähigten Imamen nahe zu sein, ließen sich die Buyyiden-Herrscher bei den von den Schiiten gemeinhin als »Schwellen« (*atabat*) bezeichneten Imamsschreinen bestatten. Bis in die Gegenwart taten es den Buyyiden viele Tausend wohlhabende Schiiten gleich, die verfügten, dass ihre Leichen zu den Schwellen transportiert und in deren Nähe beigesetzt werden sollten. Im schiitischen Volksglauben, insbesondere dem der iranischen Schiiten, gelten der Besuch der Schwellen und das Weinen um die dort begrabenen Imame sogar als verdienstvoller als die Wallfahrt nach Mekka und Medina.

Die Klage um die Imame erreicht alljährlich ihren Höhepunkt in den ersten zehn Tagen des ersten Monats des islamischen Mondkalenders. Der Festmonat Muharram wandert dabei, ähnlich wie der Ramadan, durch die Jahreszeiten, weil das islamische Mondjahr um elf Tage kürzer als das europäische Sonnenjahr ist. Die ersten neun Tage sind dem Gedenken der Leiden des Imam Husain und seiner im Lager bei Kerbela von den Feinden eingeschlossenen Gefährten gewidmet. Am 10. Muharram wird schließlich Husains Tod und am 13. Muharram seiner Beerdigung gedacht. Das Fest des »Tages der Vierzig« (*yaum al-arbain*), die übliche islamische Totengedenkfeier, wird vierzig Tage nach seinem Todestag zelebriert.

Zum ersten Male wurde das Muharram-Fest 963 unter dem Schutz der schiitischen Machthaber in Bagdad begangen. Bereits damals wurde von Chronisten bezeugt, dass einige Teilnehmer dramatische Elemente in die Rituale einbrachten, die bis heute fester Bestandteil des Muharram-Festes sind. Dazu zählt etwa das Bitten um einen Schluck Wasser, das die Erinnerung an den quälenden Durst von Husain und seinen Gefährten wachrufen soll, denen die Truppen Yazids den Weg zum Euphrat verstellt hatten. Ein anderes szenisches Element bildete das Aufschlagen von Zelten, die die Lager der Kämpfer Husains darstellen sollten.

Als die Safawiden 1501 die Schia zur Staatsreligion erhoben, führten sie die Muharram-Riten in Iran ein und förderten sie nach Kräften. Auch die Qadscharen-Schahs förderten diese Feste, die unter ihnen durch das Aufkommen zusätzlicher szenischer Passionsspiele noch populärer wurden. Den Pahlavi-Schahs hingegen waren die Muharram-Feiern ein Dorn im Auge. Bestrebt, den religiösen Überlieferungen der Schia den Garaus zu machen, suchten sie die Zeremonien einzuschränken. Reza Schah ließ 1935 die Muharram-Prozessionen sogar vollkommen verbieten.

Die zehn Festtage des Muharram, zu denen sich Tausende und bisweilen sogar Zehntausende von erregten Gläubigen zusammenfinden, folgen einem vorgegebenen Muster, das sich am überlieferten Ablauf der Ereignisse von Kerbela orientiert. So steht im Mittelpunkt eines jeden einzelnen Tages ein mit dem Leiden einzelner Gefährten und Verwandter Husains verbundener Akt des Passionsgeschehens, das durch Rezitationen, Elegien, Umzüge mit Standarten und die Aufführung von Passionsspielen illustriert und symbolisiert wird. Veranstalter des Muharram sind seit dem Mittelalter Gruppen des städtischen Handwerkertums und des Bazars, die in Vereinen und Bruderschaften organisiert sind. Ihre Mitglieder ziehen durch die Straßen ihres Viertels und skandieren Klagelieder, deren Refrains meist von den Zuschauern aufgegriffen und wiederholt werden.

Während der Umzüge schlagen sie sich mit ihren Fäusten oder offenen Händen rhythmisch gegen die Brust, wodurch ein dumpfes, weit hörbares Geräusch erzeugt wird. Oder sie geißeln sich, indem sie sich mit eisernen Ketten selbst den Rücken peitschen. Das zu den ältesten Muharram-Ritualen gerechnete Brustschlagen (pers. *sin-e zani*) wird von vielen Zuschauern, gleich welchen Alters oder Geschlechts, begeistert nachvollzogen, wenngleich meist in abgeschwächter Form. Am 9. und 10. Muharram, den Tagen also, an denen der Tod Imam Husains nachgespielt wird, erreichen die Feiern ihren Höhepunkt, ablesbar am Auftritt der Schwertschläger. Gekleidet in weiße Leichenhemden (*kafan*), die als Ausdruck ihrer symbolischen Todesbereitschaft gelten, schlagen sich die Schwertgeißler mit Kurzschwertern oder Langdolchen die Stirn blutig.

Offenbar haben die Schwertgeißlerprozessionen ihren Ursprung im Iran des 16. Jahrhunderts und breiteten sich von dort aus in den Irak, den Südlibanon und auf den indopakistanischen Subkontinent aus.

Zusätzlich zu den bereits beschriebenen Muharram-Bräuchen entwickelte sich seit dem 19. Jahrhundert im Iran ein Komplex szenischer Passionsspiele, die *taziya* (wörtlich: »Beileidsausdruck«) heißen. Sie werden teils in Moscheen, Privathäusern und öffentlichen Plätzen, teils in eigens zu diesem Zweck errichteten Gebäuden, den *husainiyye*, aufgeführt. Dabei wird das Passionsgeschehen szenisch dargestellt, und zwar in Form von Rollenspielen mit gesprochenem Dialog, bei dem die in grün oder weiß gekleideten Helden in Versen, die rot oder schwarz gekleideten Bösewichte dagegen in Prosa sprechen. Der historische Ursprung dieser Passionsspiele liegt in der Ära der Buyyiden- und Seldschuken-Herrscher, als es zum Muharram unter Schiiten üblich wurde, Oden auf die Märtyrer anzustimmen und Elegien auf den Tod der Imame zu rezitieren. Gesammelt wurden diese Märtyreroden und Trauergedichte seit dem 15. Jahrhundert in bestimmten Büchern. Prototyp dieser Werke ist das Buch des Kamaloddin Hosein Waez Kashefi (gest. 1504) mit dem Namen »Garten der Märtyrer« (*rauda al-shudada*). Angelehnt an dieses Werk, heißen die Rezitatoren solcher Gedichte im Iran seither *rauza-khan* (pers., Rauza-Deklamatoren). Sie veranstalten Rauza-Deklamationen während des ganzen Jahres an Freitagen und an allen schiitischen Feiertagen, insbesondere im Muharram, in Moscheen, Bazaren, Privathäusern und auf Friedhöfen.[16]

Während unter den Qadscharen die schiitischen *Taziya*-Passionsspiele ihre höchste Blüte erlebten, ließ Reza Schah sie verbieten. Das Verbot führte in Iran zu einer zeitweisen Unterbrechung dieser dramaturgischen Passionstradition, die sich seit dem 19. Jahrhundert allmählich auch in andere von Schiiten bewohnte

Länder, wie den Libanon oder den Irak, verbreitet hatte. In der heutigen Islamischen Republik scheint jedoch die *taziya* nach Jahrzehnten des Niedergangs seit den neunziger Jahren wieder unter einigen Bevölkerungsgruppen Anhänger gefunden zu haben. So bemühen sich seitdem etwa Studenten der Teheraner Universität, die noch erhaltenen Reste der *Taziya*-Tradition durch Theateraufführungen auf dem Campus wieder zu beleben und in der Bevölkerung beliebt zu machen.

DIE THEOLOGIE DER SCHIA

Die institutionalisierte Ausbildungsstätte der schiitischen Kleriker ist *al-hauza al-ilmiyya* (»Bezirk des Wissens«), ein religiöses Wissenschaftszentrum, das aus mehreren theologischen Schulen und Seminaren besteht. In den ersten Jahrhunderten fand die wissenschaftliche Beschäftigung mit dem Islam und der Auslegung der Überlieferungen des Propheten und der Imame nur in Moscheen statt, wo sich Lerneifrige aus allen gesellschaftlichen Schichten um einen Lehrer, meist einen besonders kenntnisreichen Privatgelehrten, Richter oder Kaufmann, scharten. Bis zur Gründung der ersten schiitischen *hauza* im Jahr 1057 durch Shaikh Tusi im irakischen Najaf war die wissenschaftliche Lehre in der Schia in keiner Weise institutionalisiert. Die ursprüngliche *hauza* von Najaf ähnelte in formaler Hinsicht in vielem den *madrasas* (»Orten der Lehre«), den im 11. Jahrhundert in vielen Teilen der sunnitisch-islamischen Welt gegründeten religiösen Schulen. Ähnlich wie die *madrasa* verfügte auch die *hauza* über Wohnräume für Schüler und Studenten, Unterrichtsräume und eine Gebetsstätte. Doch anders als die von den sunnitischen Machthabern durch formale Akkreditierungbriefe oder Ministerdekrete berufenen Professoren der sunnitischen *madrasas* waren die Lehrer der *hauzas* stets vom Staat unabhängig.

Diese Unabhängigkeit wurzelte vor allem darin, dass die *hauzas* die für die Gebäudeinstandhaltung, Reparaturen und sonstige Dinge erforderlichen Gelder aus den Erträgen der religiösen Stiftungen und der Abgaben der Gläubigen an die führenden *mujtahids*, vor allem den *khums*, erhielten und so des Staates nicht bedurften.

Im Verlauf weniger Jahrhunderte bildeten sich in Irak und in Iran die bis heute wichtigsten *hauzas*. Dies sind vor allem die theologischen Zentren, die nahe der großen Imamgrabschreine, den *atabat*, entstanden, wie etwa Najaf sowie Kerbela, wo der dritte Imam Husain begraben liegt. Ferner sind Qom und Maschhad zu erwähnen. Während in Qom neben dem Schrein der Fatima al-Masuma die theologische Hochschule der *faiziyya* als Kern der heutigen *hauza* von Qom entstand, bildete sich neben dem Grab des achten Imams der Schia, Ali al-Rida, die *hauza* von Maschhad.

Seit dem Mittelalter üben die schiitischen *hauzas* eine beträchtliche Anziehungskraft aus, da sie für viele aus einfachen Verhältnissen stammende Jugendliche bis heute den einzigen Weg darstellen, höhere Bildung zu erlangen. Einmal in der *hauza* aufgenommen, lebt der junge Student (*talaba*) mit den Dozenten und Mitstudenten unter einem Dach und sieht seine Verwandten nur bei kurzen Heimatbesuchen. Seine Ausbildung zum Geistlichen ist lang und entbehrungsreich. Das tägliche Morgengebet vor der Morgendämmerung markiert den Beginn seines Studientages, der mit dem Abschluss der formalen Tageskurse gegen neun Uhr abends noch nicht zu Ende ist. Im Anschluss daran beschäftigt sich der Student mit eigenen Studien oder nimmt an Lernzirkeln von Mitstudenten teil, in denen sie den vom Lehrer dargebotenen Stoff auf kontroverse Art und Weise diskutieren oder sich gegenseitig abfragen.

In diesen Arbeitsgruppen sind ältere, fortgeschrittene Studenten verpflichtet, die anderen zu unterrichten. Regelmäßig werden in der *hauza* Diskussionsrunden abgehalten, in denen die Studenten die Möglichkeit erhalten, Argumentationstechnik, Klarheit der Gedankenführung, logisches Argumentieren und rhetorische Fertigkeit einzuüben. Besonderen Wert wird auf die Ausbildung der Eloquenz gelegt, was auch die Einübung von Techniken des dialektischen Argumentierens beinhaltet. Durch die Aneignung rhetorischer Fähigkeiten werden die Studenten auf ihre spätere berufliche Haupttätigkeit als Prediger vorbereitet.[17]

Zwar unterliegt der Dozent keinen Reglementierungen der *hauza*, die ihm nur Unterrichtsräume bereitstellt, und er ist auch frei in der Wahl seiner Lehrmethoden und -inhalte. Gelingt es einem Dozenten jedoch nicht, seinen Unterricht für die Studenten so interessant zu machen, dass sie aus eigenem Antrieb und mit Hingabe seinen Kurs besuchen, wertet man dies als Hinweis auf eine schlechte Qualität der Lehre, und der Kurs wird rasch eingestellt. Generell gilt, dass zwischen Dozent und Student ein enges und freundschaftliches Verhältnis besteht, das über die Vermittlung von Wissen hinausreicht und sich nicht zuletzt aufgrund der großen Verantwortung, die die Dozenten gegenüber den Studenten empfinden, mit der Beziehung zwischen einem Guru (Hindi, »Lehrer«) und seinen Schülern vergleichen lässt.

Die Wissenschaften, die seit dem 11. Jahrhundert in den schiitischen *hauzas* gelehrt werden, lassen sich in zwei große Kategorien unterteilen. Die erste beinhaltet das, was die Schiiten »Überlieferungswissenschaften« (*al-ulum al-naqliyya*) nennen, die wiederum in zwei Zweige zerfallen: die Literaturwissenschaften (insbesondere arabische Grammatik, Rhetorik und Semantik) und koranische Wissenschaften (*al-ulum al-quraniyya*). Die zweite Kategorie umfasst die rationalen Wissenschaften (*al-ulum al-aqliyya*), die sich in Mathematik, Logik und Metaphysik untergliedert. Die rationalen Wissenschaften haben in den theologischen Ausbildungsstätten seit alters einen weitaus wichtigeren Rang als in den Lehrinstituten der Sunniten, was vor allem von der prinzipiell anderen Einstellung der Schia zum Intellekt herrührt. Die Gelehrten der Schia unterlagen in wesentlich größerem Maß dem Einfluss der *mutazila*, jener zwischen dem 8. und dem 12. Jahrhundert besonders starken rationalistischen Denkströmung im Islam, die auf der griechischen Philosophie fußte. Die Schia-Gelehrten vertraten die Meinung, dass sich der menschliche Intellekt nicht wesensmäßig von dem Gottes unterscheidet. Daraus folgerten sie, dass der Mensch in der Lage sei, die wesentlichen Prinzipien der von Gott gesetzten Weltordnung zu erfassen. Während bei den Sunniten die Skepsis gegenüber den Fähigkeiten des Verstandes stets überwog, hielten die schiitischen *ulama* die menschliche Ratio für fähig, auch in Glaubensfragen Erkenntnisse gewinnen zu können.

Die »koranischen Wissenschaften« füllen einen Großteil der ersten Studienjahre aus. Dabei handelt es sich um fünf Wissenschaftsdisziplinen: 1. die Wissenschaft von der Rezitation des Korans (*ilm al-qira*); 2. die Wissenschaft von der Koranexegese (*ilm al-tafsir*); 3. die Wissenschaft von den Propheten und Imamüberlieferungen (*ilm al-hadith*); 4. die spekulative Theologie (*ilm al-kalam*), unter der man im Sinne von scholastischer Theologie vor allem Religionsapologetik begreift; und 5. die Rechtswissenschaft (*ilm al-fiqh*).[18] Seit Ende des 19. Jahrhunderts hat die Disziplin der Rechtswissenschaft im theologischen Fächerkanon der Schia gegenüber den anderen Disziplinen eine unverhältnismäßig große Bedeutung gewonnen und wurde zu der »Königsdisziplin« per se, auf die sich jeder verlegte, der eine Karriere in der Geistlichenhierarchie anstrebte. Alle Kleriker, die seither den Rang eines Groß-Ayatollahs erlangten, waren zugleich Spezialisten der Rechtswissenschaft, also *fuqaha*. So ist es bis heute schlechterdings undenkbar, dass in Najaf oder Qom ein auf die Koranexegese oder gar die spekulative Theologie spezialisierter Theologe jemals Groß-Ayatollah werden könnte.

Der Unterricht in einer *hauza* folgt einem dreiteiligen Stufenplan. Die unterste Stufe wird *muqaddima* (»Einleitung«) genannt und umfasst neben der Einführung in das islamische Recht vor allem die Erlernung der *lingua sacra* des Islam, des Arabischen. Die Beherrschung des Arabischen, das den schiitischen Geistlichen aus aller Welt als universelle Sprache der Verständigung dient, ist unabdingbar, zumal der größte Teil der traditionellen Literatur der Schia auch in ihr abgefasst ist. Heute kann in den *hauzas* von Qom und Najaf ein Theologiestudent die *muqaddima*-Stufe nach etwa vier bis fünf Jahren mit einem Diplom abschließen.

Die nächsthöhere Stufe wird *sath* (»Hohes Niveau«) genannt. Auf dieser Stufe stehen vor allem das Studium der Philosophie und, noch wichtiger, das der islamischen Rechtswissenschaft (*fiqh*) auf dem Lehrplan. In den *hauzas* kann diese Stufe nach etwa fünf Jahren abgeschlossen werden.

Die dritte und letzte Stufe heißt *kharij* (etwa: »die Auslaufende«). Jeder Student, der sie erreicht, darf fortan einen Turban und einen ihn als Kleriker kenntlich machenden talarähnlichen Umhang, die *abaya*, tragen und in einer Art Assistentenstatus selbst unterrichten. Gewöhnlich heiraten die meisten Studenten auf der Stufe des *kharij* und gründen Familien. Obwohl diese letzte Stufe keine zeitliche Befristung und auch keine schriftlichen Abschlussexamina kennt, endet sie beispielsweise im heutigen Iran in der Regel nach sechs bis acht Jahren. Um ein qualifizierter *mujtahid* zu werden, bedarf es der »Erlaubnis« (*ijaza*) des Lehrmeisters. Ihm allein steht es zu, einem Studenten nach langjähriger gründlicher Beobachtung einen ausreichenden Reifestatus zuzusprechen und ihm die für die selbstständige Arbeit als *mujtahid* unerlässliche *ijaza* zu verleihen. Fortan ist der Empfänger der *ijaza* berechtigt, den Titel eines *hujjatulislam wal-muslimin* (»Autorität des Islam und der Muslime«) zu tragen.

DER »GOTTESSTAAT« IRAN

VON DER MASHRUTIYYAT-BEWEGUNG ZUR PAHLAVI-MONARCHIE

Der Iran erlebte 1905 den Beginn einer Verfassungsbewegung (pers. *mashrutiyyat*), die zwei Jahre später in eine Verfassungsrevolution mündete. Auslöser waren Proteste von miteinander verbündeten bürgerlich-nationalen Gruppen, Schia-Geistlichen und Händlern, die sich gegen die absolute Autokratie des Schahs und den übermächtigen ausländischen Einfluss Russlands und Großbritanniens richteten. Nachdem sich dem Protest breite Volksmassen angeschlossen hatten, musste der Schah nachgeben und ließ im Oktober 1906 Wahlen für eine »beratende Nationalversammlung« (*majles-e shura-ye melli*) zu. Nach seiner Konstituierung arbeitete das erste Parlament des Iran eine an das belgische Modell angelehnte Verfassung (*mashrutiyyat*) aus, die der auf dem Totenbett liegende Schah nach langem Zögern Ende 1906 unterschrieb und welche die Umwandlung der absoluten Monarchie Persiens in eine konstitutionelle einleitete.

Doch trotz der Einführung republikanischer Elemente und des Prinzips der Volkssouveränität, verkörpert durch das Parlament, blieb die Verfassung als Gesamtwerk zwiespältig. Der Grund lag darin, dass die Schia-Kleriker – die befürchteten, ein Verfassungsstaat würde den Einfluss der Religion und ihre eigene Rolle als Hüter des Islam einschränken – 1907 einen Verfassungszusatz durchsetzen konnten. Dieser beinhaltete mit Artikel 2 die Einführung eines parlamentarischen Oberhauses in Form eines fünfköpfigen Theologengremiums. Es war befugt, alle Gesetzesvorlagen auf ihre Vereinbarkeit mit den Geboten Gottes und des Islam zu prüfen und gegebenenfalls abzulehnen. Damit sicherten sich die schiitischen *mujtahids* ein wichtiges Vetorecht gegen alle Entscheidungen der vom Volk gewählten Legislative. 1911 kam es zur Auflösung des zweiten Parlaments durch Kräfte, die eine Restauration der Schah-Monarchie betrieben. Sie wurden von Russland und Großbritannien unterstützt, die den Iran mittlerweile in Interessensphären untereinander aufgeteilt hatten. Damit war die *mashrutiyyat*-Bewegung zusammengebrochen. Die Verfassung ruhte fortan und mit ihr der berühmte Artikel 2, der aber unvergessen blieb und nach der Revolution von 1979 als historischer Präzedenzfall bei der Ausarbeitung der neuen Verfassung des Iran eine wichtige Rolle spielen sollte.

Die Jahre von 1911 bis 1921 waren in Iran von permanenten Unruhen, Kriegswirren, Sezessionsbestrebungen einzelner Landesteile und von Hungersnöten geprägt. Das Chaos und die innere Zerrissenheit machte sich schließlich Anfang 1921 Reza Khan, der Oberkommandeur der Kosakenbrigade, zunutze. Gestützt auf seinen militärischen Anhang, zwang er den ängstlichen Qadscharen-Monarchen Ahmad Schah, ihn zum Kriegsminister zu ernennen. In den folgenden zwei Jahren brach er entschlossen den Widerstand renitenter Nomadenstämme und separatistischer Provinzregierungen und stellte in weiten Landesteilen die öffentliche Ordnung wieder her. Gestärkt durch den Glanz dieser Erfolge, »überredete« Reza Khan 1923 den Schah nicht nur dazu, ihn mit dem Amt des Premierministers zu betrauen, sondern auch eine Erholungsreise ins Ausland anzutreten, von der dieser nie mehr zurückkehren sollte. 1925 schließlich, nachdem die meisten Hindernisse beseitigt waren, ließ Reza Khan von einem mehrheitlich willfährig gemachten Parlament das Ende der Qadscharen-Monarchie verkünden.

Anfänglich hatte Reza Khan noch vorgeschwebt, den Iran in eine laizistische Republik zu verwandeln und damit dem Vorbild des von ihm bewunderten Kemal Atatürk in der Türkei zu folgen. Doch angesichts des massiven Widerstands der Schia-Geistlichkeit, auf die er Rücksicht nehmen musste, solange er seine Machtbasis nicht gänzlich gefestigt hatte, verzichtete er darauf. Noch im selben Jahr veranlasste er eine eigens zu diesem Zweck gewählte verfassunggebende Versammlung, ihn als Reza Schah zum neuen Herrscher des Iran und zum Begründer der Pahlavi-Monarchie (1925–1979) auszurufen.

Seine mit Tatkraft und Rücksichtslosigkeit durchgesetzte Politik der Zentralisierung, Säkularisierung und industriellen Modernisierung des Landes legte den Grundstein für den modernen iranischen Nationalstaat. Von 1927 an verfolgte Reza Schah einen strikten Konfliktkurs gegenüber dem schiitischen Klerus, dem er durch Übertragung an zivile Beamte wichtige Funktionen im Rechts-, Wirtschafts- und Erziehungswesen nahm, was die Einkommensquellen, die Macht und das soziale Ansehen des Klerus drastisch einschränkte und schädigte. Auch kulturell trachtete der Staat danach, die Symbole des schiitischen Traditionalismus zu bekämpfen. Ausdruck dessen waren Gesetze, die der männlichen Bevölkerung – mit Ausnahme der Kleriker selbst – das Tragen westlicher Kleidung und Kopfbedeckung vorschrieben (1929) und Frauen das Tragen des Schleiers (1936) verboten. Innerlich uneins und bar jeglicher politischer Alternative, konnte der Schia-Klerus der brutalen Einschüchterungspolitik der Militärdiktatur des Schahs keinen Widerstand entgegensetzen und verharrte, wie so oft in der Geschichte der Schia, in einer quietistisch-passiven, unpolitischen Haltung.

Im Bemühen, Irans politische und wirtschaftliche Abhängigkeit von Großbritannien zu verringern, nahm Reza Schah in den dreißiger Jahren intensive Kontakte zum nationalsozialistischen Regime in Deutschland auf. Reza Schahs Sympathien für Deutschland boten den russischen, britischen und amerikanischen Alliierten im Zweiten Weltkrieg den willkommenen Vorwand, den Iran 1941 zu besetzen, zumal er als Transitland für alliierten Nachschub bedeutsam war. Die Alliierten erzwangen die Abdankung von Reza Schah, setzten an dessen Stelle seinen fügsameren Sohn Mohammad Reza (1941–1979) auf den Thron und hielten Iran bis 1945/46 besetzt. Ab Mitte der vierziger Jahre lösten die Vereinigten Staaten schrittweise Großbritannien als politisch und wirtschaftlich dominante Schutzmacht Irans ab, der in eine immer spürbarere Abhängigkeit vom westlichen Ausland, speziell von den USA, geriet.

Der vielfältige westliche Einfluss zentrierte und symbolisierte sich zu Anfang der fünfziger Jahre in der Frage der Verstaatlichung der Ölindustrie. Die von dem liberalen Nationalisten Mohammad Mosaddeq geführte Nationale Front, eine Koalition religiös und säkular orientierter Parteien, gewann mit diesem Thema die Parlamentswahlen von 1951. Mosaddeq wurde Premierminister und setzte die Verstaatlichung der Ölindustrie in Gang. Der daraufhin von den USA und Großbritannien durchgeführte Boykott iranischen Öls verschlechterte die wirtschaftliche Situation des Landes. Im August 1953 wurde Mosaddeq durch einen Putsch im Zusammenspiel zwischen amerikanischem CIA, britischem MI-6 und promonarchischen iranischen Militärs gestürzt.

Zwischenzeitlich ins italienische Exil geflohen, kehrte Mohammad Reza Schah im August 1953 zurück und begann, gestützt auf massive Wirtschaftshilfe und politische Protektion der USA, mit der Restauration seiner Herrschaft. Kennzeichen dieser Restauration war die Installation einer zunehmend repressiven Autokratie des Schahs, die mit der gewaltsamen Unterdrückung aller Schattierungen der Opposition einherging. Seine wichtigsten Herrschaftsinstrumente waren dabei die von US-Militärberatern ausgebildete und von US-Rüstungsschmieden belieferte iranische Armee und der iranische Geheimdienst, der SAVAK, bei dessen Aufbau 1957 der CIA und der israelische Mossad unentbehrliche Hilfe leisteten.

KHOMEINIS REVOLUTIONIERUNG DES SCHIA-ISLAM

Der schiitische Klerus war nach Reza Schahs Sturz kaum mehr Repressalien ausgesetzt. Er konnte die anfängliche Schwäche des neuen Schahs Reza Pahlavi nutzen, um einige der von seinem Vater erlassenen Verbote, etwa des Schleiertragens oder der Muharram-Passionsfeste, wieder außer Kraft zu setzen. Unter ihrem konservativ-quietistischen Führer, Groß-Ayatollah Borujerdi, konnte der iranische Schia-Klerus einen guten Teil seiner verloren gegangenen sozialen Machtpositionen zurückgewinnen und seine Institutionen modernisieren. Unter Borujerdis Führung nahm die Zahl der theologischen Schulen und Studenten beträchtlich zu. In einer stillschweigenden Übereinkunft schwor Borujerdi den Schia-Klerus darauf ein, sich aus der Tagespolitik herauszuhalten, wofür der Schah im Gegenzug die religiöse Autonomie des Schia-Klerus unangetastet ließ. Borujerdis Einfluss hemmte den Aufstieg von Klerikern wie Khomeini, die die Schia-Geistlichkeit zu politischen Aktivitäten anstiften wollten.

Khomeini und seine Anhänger kamen jedoch nach Borujerdis Tod, 1961, zum Zuge. Sie avancierten ab den frühen sechziger Jahren zu den Hauptträgern der Anti-Schah-Bewegung, innerhalb deren Ayatollah Ruhollah Khomeini sukzessive zum unbestrittenen Führer aufstieg. Der Beginn von Khomeinis Aufstieg ging Hand in Hand mit der vom Schah-Regime gegen den Widerstand breiter traditioneller Bevölkerungsschichten durchgesetzten Reformpolitik, der so genannten Weißen Revolution, die unter anderem die Einführung des Frauenwahlrechts und eine Landreform vorsah. Die Weiße Revolution war weit gehend auf Drängen der US-Regierung unter Kennedy initiiert worden. Khomeini hatte am 3. Juni 1963 in Qom, am Ashura-Tag, in einer öffentlichen Rede den Schah scharf attackiert und ihn – in Anspielung auf den in der Schia verhassten Umayyaden-Kalifen Yazid – als »Yazid unserer Zeit« verdammt. Als Khomeini kurz danach festgenommen wurde, führte dies in Qom und anderen Orten Irans zu einem Volksaufstand, bei dessen Niederschlagung die Sicherheitskräfte über tausend Demonstranten töteten.

Nach Khomeinis Freilassung zwang der Schah ihn im Oktober 1964 ins türkische Exil, von wo er dann nach Najaf in Irak übersiedelte. Anlass seiner Verbannung war Khomeinis kurz zuvor geäußerte Kritik an Gesetzen, die den 30 000 amerikanischen Militärberatern und Technikern diplomatische Immunität zusicherten, sowie an der enormen Verschuldung des Iran bei den USA durch Waffenkäufe. Bis zum Sturz des Schah-Regimes im Februar 1979 war Iran im Kontext der auf Eindämmung des sowjetischen Einflusses gerichteten Geostrategie der USA der bedeutendste Eckpfeiler amerikanischer Interessen im Mittleren Osten und erfüllte als militärisch hochgerüsteter »Gendarm« der USA wichtige Ordnungsfunktionen in der Golfregion.

Von Najaf aus agitierte Khomeini gegen das Schah-Regime und organisierte das Untergrundnetzwerk seiner revolutionären Gefolgschaft in Iran und anderen Ländern. Zugleich machte er fortan, wie man in seinem 1970 in Najaf verfassten Werk *Die islamische Staat (hokumat-e eslami)*[19] nachlesen kann, aus seiner Verachtung für seine apolitischen Zunftkollegen im Schia-Klerus keinen Hehl mehr. Ihnen warf er vor, sich von der Welt abzuwenden, sich nur mit den Geboten für das Fasten und Beten zu beschäftigen und durch ihre Vernachlässigung gesellschaftlicher Probleme die religionsfeindliche Despotie des Schahs zu stärken.

In den Jahren vor der Revolution wuchs die Populariät Khomeinis unter den Schiiten des Iran gewaltig an, doch nicht deshalb, weil sie in ihm den tugendhaftesten, gelehrtesten und gerechtesten *mujtahid* sahen. Vielmehr gründete Khomeinis Beliebtheit in seiner immer radikaler werdenden Ablehnung gegenüber der diskreditierten Monarchie, einer Haltung, die schließlich 1970 in Khomeinis Forderung nach Beseitigung der Monarchie gipfelte, die er zum antiislamischen Prinzip per se erklärte. Aus dem Klerus schlossen sich ihm besonders jüngere Geistliche an, die eine moderne Ausbildung genossen hatten, wie Akbar Hashemi Rafsanjani, Mohammad Khatami und Ali Khamenei. Viele von diesen und anderen jüngeren politisch aktiven Iranern, gleich ob Laiengläubige oder Kleriker, waren sich mit Khomeini einig, soziopolitischen Themen Priorität vor religiösen Fragen im engeren Sinne einzuräumen. Daher fühlten sie sich zu ihm hingezogen und sahen in ihm einen Erneuerer der Religion.

Parallel zu der Formierung einer Opposition gegen das Schah-Regime vollzog sich im Iran auch die Transformierung der traditionell unpolitischen Schia in eine Revolutionsideologie. Unauflösbar verbunden ist dieser Prozess ist mit dem Namen von Ali Shariati (gest. 1977), einem an der Pariser Sorbonne promovierten, stark von marxistischen Konzepten beeinflussten Soziologen. Er sollte zu einem der wichtigsten Theoretiker der Revolution von 1979 werden. Shariatis Name steht stellvertretend für eine ganze Generation von überwiegend säkularen, westlich beeinflussten Intellektuellen, die vom demokratisch-kapitalistischen Westen genauso enttäuscht waren wie von der inzwischen totalitär-stalinistischen Sowjetunion und sich von der unkritischen Nachahmung westlicher kultureller und politischer Entwicklungsmodelle abwandten. Um der schleichenden »Seuche der Verwestlichung« zu begegnen, suchten sie das Heil in der eigenen religiösen Schia-Tradition als einzig verbliebenem Gegengift, die sie aber auf innovative, teils sozialrevolutionäre, teils utopische Weise ausdeuteten. Die Hinwendung zur Religion und die Ablehnung des westlichen Imperialismus bildeten den gemeinsamen Nenner, auf dem die in den siebziger Jahren geschmiedete Allianz zwischen säkularen Intellektuellen und der politisierten Schia-Geistlichkeit ruhte. Diese Allianz wiederum war eine der wichtigsten Voraussetzungen des Sieges der Revolution von 1979 über den Schah.

Von großer Wirkungsmächtigkeit erwies sich während der Revolution das von Shariati geschaffene sozialrevolutionär-utopische Konzept eines »roten« Schia-Islam. Shariati forderte die Rückkehr zu den wahren, reinen Ursprüngen des schiitischen Islam, verkörpert im »alidischen« Islam des Imam Ali, der revolutionär, gerecht, gegen Tyrannei und Ausbeutung sei und im unaufhebbaren Gegensatz zum korrupten »safawidischen« Islam stehe. Letzterer sei einerseits geprägt von verknöcherten Machtstrukturen der Monarchie und der quietistischen Geistlichkeit, andererseits von blinder Gefolgschaft, abergläubischen Praktiken und der Passivität der traditionalistischen Massen. Träger dieses »alidischen« oder »roten« Islam sind nach Shariati nicht die Kleriker, sondern die Avantgarde der modern gebildeten, aufgeklärten schiitischen Laienintellektuellen, deren Aufgabe darin bestehe, der Volksmasse zur Selbsterkenntnis, insbesondere in Abgrenzung zu den dominanten westlichen Konzepten von Kultur, Staat und Gesellschaft, zu verhelfen. Shariatis Thesen genossen insbesondere unter der Jugend, den Studenten und der Schülerschaft vor und nach der Revolution im Iran enorme Popularität.

Shariatis neue und revolutionäre Umdeutung traditioneller Schia-Konzepte bewirkte eine politische Aktivierung von breiten Schichten der weiterhin dem Islam verbundenen gebildeten Mittelklasse und der Jugend, die er zur revolutionären Umwälzung der Verhältnisse im Hier und Jetzt aufforderte. Shariatis Wirken ging zu Lasten des konservativen orthodoxen Schia-Establishments, das die Gläubigen in seinen Predigten weiterhin zu politischer Passivität anhielt und sie vertröstete, dass der Imam Mahdi nach seiner erwarteten Rückkehr in einer fernen eschatologischen Zukunft ein Reich der Gerechtigkeit errichten werde. Nirgendwo kommt diese später so wirkungsmächtige radikale Umdeutung der Schia-Tradition in eine Revolutionsideologie so gut zum Ausdruck wie in einem auf ein Diktum Shariatis zurückgehenden Slogan der Revolution von 1979, der da lautet: »Jeder Tag ist Kerbela, jeder Tag ist Muharram, jeder Tag ist Ashura.« Dieser Slogan bedeutete die Rückgängigmachung der beim Muharram-Fest etwa durch Selbstgeißlung vollzogenen und auf Erlösung durch Leiden abzielenden rituellen Ersatzhandlung des scheinbaren Selbstopfers. Fortan trat an die Stelle des passiven Weinens und Lamentierens um den Tod Husains der wirkliche aktive Kampf oder sogar – wie später etwa im Krieg gegen den Irak hunderttausendfach praktiziert – der reale Opfertod als Märtyrer im Dienste der Revolution.

DIE SCHIA-KLERIKER AN DER MACHT

Khomeini gelang es, sich zum Führer der Anfang Januar 1978 im Iran entstandenen breiten Massenprotestbewegung gegen den Schah zu machen – erst von seinem Exil in Najaf und ab Oktober 1978, nachdem die irakische Regierung ihn auf Druck des Schahs hatte ausweisen lassen, vom Pariser Vorort Neauphle-le-Château aus. Diese Bewegung umfasste eine große Bandbreite politischer Kräfte, angefangen von liberalen, nationalistischen, linken, konservativen und gemäßigt islamischen Parteien, Studentenvereinigungen, Bazarhändlern und Intellektuellen über moderate und radikale Gruppierungen des Schia-Klerus bis hin zu den verarmten Slumbewohnern der Großstädte des Iran. Das ganze Jahr 1978 war bestimmt durch einen fast ununterbrochenen Kreislauf von zumeist friedlichen Massendemonstrationen, gewaltsamen Interventionen der Sicherheitskräfte und darauf folgenden erneuten Demonstrationen von bis zu einer Million Iraner, welche die Machtpfeiler des Schah-Regimes schrittweise zersetzten.

Unfähig, die Situation dauerhaft zu beruhigen und allein gelassen von der US-Regierung unter Präsident Jimmy Carter, die dem Autokraten die von ihm erflehte eindeutige Handlungsempfehlung für eine militärische oder demokratisch friedliche Lösung des Problems verwehrten, gab sich Mohammad Reza Schah im Januar 1979 geschlagen und verließ das Land. Khomeini flog am 1. Februar von Paris aus nach Teheran, wo ihm knapp zwei Millionen Iraner einen triumphalen Empfang bereiteten. Wenige Tage später berief er eine provisorische Revolutionsregierung unter dem frommen Technokraten Mehdi Bazargan ins Amt und ließ Ende März das Volk in einem Plebiszit über die Errichtung einer Islamischen Republik abstimmen.

Nachdem sich 97 Prozent der Teilnehmer für deren Annahme ausgesprochen hatten, verkündete Khomeini am 1. April offiziell die Gründung der Islamischen Republik Iran. Bereits kurz nach Khomeinis Rückkehr traten bis dato zurückgehaltene und verdeckte Spannungen und Konflikte zwischen den zuvor in der Opposition verbündeten politischen Kräften offen zutage. Vergeblich suchte sich die politisch gemäßigte Regierung Bazargans im Machtkampf mit den radikalen Islamisten, die bei Khomeini jedoch größeren Rückhalt hatten, zu behaupten. Als Bazargans Proteste gegen die Besetzung der US-amerikanischen Botschaft durch radikale Studenten der »Linie Imam Khomeinis« wirkungslos verhallten und seine Machtlosigkeit offenbarten, trat er im November 1979 mit seinem Kabinett zurück, was zu einer erneuten tief greifenden innen- und außenpolitischen Radikalisierung der Revolution führte.

Von Stund an drängten die radikalen Khomeinisten sukzessive alle politischen Rivalen an den Rand oder ins Exil, ein Prozess, der mit der Absetzung des liberalislamischen Präsidenten Abolhasan Bani-Sadr im Juni 1981 seinen Abschluss fand. Seither kontrollieren politisierte schiitische Kleriker alle zentralen Schlüsselpositionen des Systems und verfügen über ein auf dem religiös-politischen Konzept der *velayat-e faqih* (»die Herrschaft des islamischen Rechtsgelehrten«) gegründetes theokratisches Machtmonopol.

Die *velayat-e faqih*, von Khomeini bereits in seinem Buch *Der islamische Staat* entworfen, ist für die Schia ein revolutionäres Novum, da sie die Abkehr von einer bis dato vorherrschenden quietistischen Grundhaltung des Klerus zu politischen Fragen darstellt.[20] Gestützt auf seine Interpretation bestimmter Koranverse und *hadithe* der Imame und des Propheten Muhammad, rechtfertigt Khomeini nicht mehr und nicht weniger als die Herrschaft des – beziehungsweise der – Rechtsgelehrten, die das Reich der Gerechtigkeit des Verborgenen Zwölften Imam, des Mahdi, vertritt und vorwegnimmt.

Das von Khomeini nach seiner Rückkehr nach Iran befürwortete System der *velayat-e faqih* wurde schließlich in der Verfassung der Islamischen Republik Iran vom 31. November 1979, die wenig später in einem anschließenden Plebiszit bestätigt wurde, als Staatsprinzip verankert. Gemäß Artikel 56 geht die Souveränität nicht vom Volke, sondern von Gott beziehungsweise dem Verborgenen Imam als dessen rechtmäßigem Stellvertreter aus. In Abwesenheit des zwölften Imam liegen, so Artikel 5, die Regierungsgewalt (*velayat-e amr*) und die Leitung der Gemeinde (*emamat-e ommat*) in der Hand der frommen, gerechten, auf der Höhe der Zeit stehenden und zur Leitung befähigten Rechtsgelehrten (*faqih*).

In Artikel 107 wird Ayatollah Khomeini namentlich als der Revolutionsführer (*rahbar*) bestimmt. Mit dem Amt des *rahbar*, einer beispiellosen revolutionären Neuerung in der Schia, hat sich Khomeini, bestätigt durch die Volksabstimmung über die Verfassung am 2. und 3. Dezember 1979, eine Machtposition zuerkennen lassen, die in der Geschichte, so die Schia, nur dem Propheten und den Imamen selbst zustand. Khomeinis revolutionäre Uminterpretation der Schia in eine Revolutionsideologie wird aber vom konservativen apolitischen schiitischen Klerus innerhalb und außerhalb Irans kritisiert und abgelehnt. Dem auf Lebenszeit von einem Geistlichengremium, dem Expertenrat, gewählte Führer kommt laut Verfassung nicht nur die allgemeine politische Richtlinienkompetenz zu, sondern er ernennt – und entlässt auch – nach eigenem Gutdünken die Leiter der Gesetzgebung, des Staatsrundfunks und -fernsehens, der regulären Armee, der Revolutionswächter-Armee (*pasdaran*), der Polizei und der mächtigen revolutionären Stiftungen.

PROBLEME UND GRENZEN DES »GOTTESSTAATES«

Entgegen den Kassandrarufen seiner Gegner, die seinen baldigen Zusammenbruch vorhersagten, hat das System der Islamischen Republik Iran unter Führung Khomeinis (1979–1989) seine Stabilität bewahren können. Angesichts der zahlreichen Krisen, internen Machtkämpfe und des verlustreichen Krieges mit dem Nachbarland Irak (1980–1988), die das Land seit 1979 durchmachte, ist dies keineswegs selbstverständlich. Ein Faktor für diese Stabilität lag in der charismatischen Persönlichkeit und der Autorität von Groß-Ayatollah Khomeini begründet, dem bis zu seinem Tod ein beachtlicher Teil der Iraner die Treue hielt, und zwar sowohl als ihr politischer Führer als auch als der von ihnen anerkannten religiösen »Quelle der Nachahmung« (*marja al-taqlid*).

Die von Khomeini beabsichtigte Zentralisierung der religiösen Macht, die im Widerspruch zur althergebrachten pluralistischen Struktur des Schia-Klerus stand, gelang aber nur partiell. Da Khomeini weder in Iran noch in der schiitischen Welt insgesamt die einzige »Quelle der Nachahmung« war, kam das Regime nicht umhin, sich pragmatisch zu verhalten. Während Teherans Machthaber fortan in Sachen der Staatsgeschäfte das Machtmonopol des Revolutionsführers aufrechterhielt, sprachen sie den anderen »Quellen der Nachahmung« eine Kompetenz für die persönliche und religiös-rechtliche Sphäre ihrer Anhänger zu. Wenn sich allerdings klerikaler Widerstand regte, wie im Fall des gemäßig-konservativen Groß-Ayatollahs Kazim Shariatmadari, der es wagte, öffentlich Khomeinis *velayat-e faqih* als religiös unzulässige Neuerung und als verschleierten klerikalen Despotismus abzulehnen, zeigte das Regime Härte und Entschlossenheit. Das Regime ließ ihn 1982 im Fernsehen öffentlich demütigen, entkleidete ihn – präzedenzlos in der Geschichte der Schia – seines klerikalen Rangs und hielt ihn bis zu seinem Tod 1986 unter Zwangshausarrest in Qom.

Seit Etablierung der Islamischen Republik hat sich eine zahlenmäßig kleine, doch für die Führung des Staates ausreichende Minderheit des Schia-Klerus der Regierung angliedern lassen. Den Versuchungen der Macht erlegen, bildet sie heute eine mit politischen Privilegien ausgestattete Staatselite. Während sich ein Teil der Geistlichen zu einer Art Nomenklatura wandelte, steht aber der Großteil der Schia-Kleriker, der weiter an der Tradition der politischen Enthaltsamkeit festhält und daher öffentliche Opposition vermeidet, dem Regime weiterhin in schweigender Ablehnung gegenüber. Andererseits ist das Regime alles andere als ideologisch homogen, konnte es doch bis heute nicht alle teils heftig miteinander rivalisierenden khomeinistischen Klerikerfraktionen in einer Einheitspartei zusammenfassen. Zwar wurde 1979 mit diesem Ziel die Islamic Republic Party ins Leben gerufen, doch 1987 war die Staatsführung gezwungen, die Partei aufgrund der erbitterten Richtungskämpfe zwischen ihrem rechten und linken Flügel aufzulösen.

Wirtschaftspolitische Streitfragen bildeten zumeist die Ursache dieser Flügelkämpfe. Während sich die islamisch-konservativen Khomeinisten, zu denen unter anderem auch der heutige Revolutionsführer Ali Khamenei zählt, auf das im Islam legitimierte Eigentumsrecht beriefen, unterstrichen ihre links-islamischen Antagonisten den Anspruch des Islam, soziale Gerechtigkeit schaffen zu wollen. Die Links-Islamisten, zu denen auch der heutige Staatspräsident Mohammad Khatami gerechnet wurde, hatten aufgrund ihrer Siege in den seit 1980 regelmäßig im Vierjahresturnus abgehaltenen Parlamentswahlen die Oberhand in der Legislative. Doch müssen laut Verfassung alle vom Parlament verabschiedeten Gesetze vom »Wächterrat«, einem als Oberhaus fungierenden, von konservativen Klerikaljuristen dominierten Gremium, auf ihre Vereinbarkeit mit dem Islam überprüft werden. In den meisten Fällen lehnte der mit Vetorecht ausgestattete Wächterrat die Gesetze ab, was dazu führte, dass in vielen wichtigen Fragen, wie zum Beispiel der Agrarreform, keine in sich schlüssige Politik ausgearbeitet werden konnte.

Um diese für den Systemerhalt gefährliche Blockade der politischen Institutionen zu überwinden und der Regierung Handlungsfreiheit zu verschaffen, deklarierte Khomeini 1987 das Konzept der »Absoluten Herrschaft des Rechtsgelehrten«. Diesem Konzept zufolge stünden die im Interesse des islamischen Staates getroffenen Entscheidungen des Revolutionsführers über den Geboten der Religion, sogar über solch fundamentalen Geboten wie dem Gebet, dem Fasten und der Pilgerfahrt nach Mekka. Sachzwänge veranlassten Khomeini schließlich, der Staatsräson Vorrang vor der Religion einzuräumen, einer Politik, die er gerade beim Schah kritisiert und durch die Einführung einer Theokratie, in der politische und religiöse höchste Autorität in einer Person verschmolzen, hatte beseitigen wollen. Spätestens mit dieser Anmaßung, aus politischen Erwägungen religiöse Prinzipien zu umgehen oder neu zu formulieren, hatte Khomeini in den Augen zahlreicher frommer Iraner den legitimen Handlungsspielraum eines *mujtahid* endgültig überschritten und sich selbst zum Häretiker gemacht.

Wenige Monate vor dem Tod Khomeinis drohte die religiöse Legitimität des Systems in Gefahr zu geraten, als Khomeini im März 1989 Groß-Ayatollah Husain Ali Montazeri (geb. 1921), seinen langjährigen engen Weggefährten und designierten Nachfolger, als Revolutionsführer entmachtete. Dem vorausgegangen war eine sich in Ton und Inhalt verschärfende Kritik von Montazeri an der Politik des Regimes und dessen Abweichungen von den Idealen der Revolution. Diese Kritik ließ ihn in den Augen bestimmter Regimekleriker als ein Risiko für den Fortbestand der absoluten Theokratie erscheinen, zumal Montazeri eine partielle »Demokratisierung« des *Velayat-e-faqih*-Konzepts befürwortete. So plädierte er dafür, den Revolutionsführer direkt durch das Volk wählen zu lassen und ihn gegenüber den Regierten rechenschaftspflichtig zu machen.

Durch die Entmachtung Montazeris tat sich aber für die Machthaber ein Dilemma auf, weil die Verfassung von 1979 vorsah, dass der »Herrschende Rechtsgelehrte« eine »Quelle der Nachahmung« (*marja al-taqlid*) sein musste, mit Ausnahme Montazeris aber alle damaligen »Quellen der Nachahmung« selbst das *Velayat-e-faqih*-Konzept offen oder insgeheim ablehnten. So wurde auf formelles Geheiß Khomeinis, hinter dem vermutlich Khomeinis Sohn, Ahmad Khomeini, und der damalige starke Mannes des Iran, Parlamentspräsident Rafsanjani, steckten, kurz vor Khomeinis Tod der Verfassungsartikel, der die Personalunion von Revolutionsführeramt und »Quelle der Nachahmung« vorschrieb, kurzerhand gestrichen. Dies ermöglichte dem aus Klerikern zusammengesetzten Expertenrat, dem laut Verfassung die Wahl des Revolutionsführers oblag, bei Khomeinis Tod im Juni 1989 den damaligen Präsidenten, Hujjatulislam Ali Khamenei dem es an theologischer Qualifikation mangelte, zum Revolutionsführer zu küren. Doch durch die Wahl des blassen Khamenei konnte die Legitimationskrise des Systems nur vorübergehend abgewendet werden. Er besaß weder die persönliche Autorität noch das Charisma eines Khomeini. Der Expertenrat »beförderte« ihn in einem politischen Akklamationsakt theologisch und ernannte ihn über Nacht zum Ayatollah.

In den folgenden Jahren vermochte das seit 1989 tonangebende Gespann aus Rafsanjani und Khamenei, Montazeri politisch an den Rand zu drängen. Zahlreiche seiner Anhänger wurden verhaftet oder hingerichtet. Obwohl man Montazeri selbst immer wieder über längere Zeit hinweg in Qom unter Hausarrest stellte, etwa nachdem er 1997 die unzulänglichen theologischen Qualifikationen des Revolutionsführers Khamenei öffentlich angeprangert hatte, tat dies seinem Ansehen keinen Abbruch. So betrachten ihn weiterhin zahlreiche Mitglieder aus den inneren Zirkeln der jetzigen Machtelite als die für sie maßgebliche politische und religiöse Autorität.

Die mangelnde theologische Qualifikation Khameneis wurde dessen politische Achillesferse, die von 1989 seine Legitimation als Revolutionsführer und gleichzeitig die des ganzen Systems allmählich unterhöhlte. Dieses System gründete von Anbeginn auf der Verschmelzung von höchster politischer und religiöser Autorität in der Person des »herrschenden Rechtsgelehrten«, idealtypisch verkörpert durch Groß-Ayatollah Khomeini, auf den das Revolutionsführeramt zugeschnitten war. Durch Ali Khamenei als Revolutionsführer, der kein *marja al-taqlid* werden konnte, weil ihm dafür mindestens dreißig Jahre intensiven Studiums und Lehre fehlten, waren fortan höchste politische und religiöse Autorität im Staat de facto getrennt. Seit 1989 besteht daher die potenzielle Gefahr, dass ein außerhalb der iranischen Machtsphäre lebender schiitischer Groß-Ayatollah, möglicherweise instrumentalisiert durch regimefeindliche Gruppierungen, an Einfluss gewinnt und Rechtsgutachten (*fatwas*) zu religiös-sozialen Fragen erlässt, die der politischen Linie Khameneis zuwiderlaufen, von ihm aber nicht annulliert werden können. Diese Gefahr ist bislang nicht gebannt worden.[21]

Alle bisherigen Versuche Khameneis, sich der höchsten religiösen Autorität, des Titels eines Groß-Ayatollahs, zu bemächtigen, sind gescheitert. Den letzten Versuch unternahm er Ende 1994, als der einzige der iranischen Regierung nahe stehende Groß-Ayatollah, Muhammad Ali Araki, im Alter von 103 Jahren in Qom starb.[22] Kurz nach dessen Tod meldete Khamenei Anspruch auf das nun frei gewordene Amt einer »Quelle der Nachahmung« an. Doch schlug ihm von zahlreichen führenden Schia-Klerikern innerhalb und außerhalb Irans ein so massiver Widerstand entgegen, dass er angesichts dessen rasch auf diesen Anspruch verzichtete.

Nach Khomeinis Tod teilten sich der Revolutionsführer Khamenei und der als Pragmatiker bekannte Ex-Parlamentspräsident Rafsanjani die Macht. Rafsanjani war im Juli 1989 in das nach Verfassungsänderung mit erweiterten Kompetenzen ausgestattete Präsidentenamt gewählt worden. Bei seinem Amtsantritt fand Rafsanjani eine durch Krieg und Revolutionswirren erschöpfte Bevölkerung und eine zusammengebrochene Kriegswirtschaft vor. Zudem war der Iran durch eine fast zehn Jahre lang von radikalen ideologischen Dogmen angetriebene Außenpolitik international weit gehend isoliert.

Während seiner zwei Amtsperioden als Präsident (1989–1997) unterstützte Rafsanjani einen Prozess der teilweisen Entideologisierung der iranischen Innen-, Außen- und Wirtschaftspolitik. So steuerte er außenpolitisch einen moderaten, auf Integration des Iran in die internationale Gemeinschaft und auf Normalisierung der Beziehungen zu den regionalen Nachbarn abgestellten Kurs. Zugleich setzte er auf eine wirtschaftspolitische Liberalisierung, um das Land wiederaufzubauen, und erlaubte eine wenngleich nur behutsame und eingeschränkte Liberalisierung der Gesellschaft. Doch weder in der Wirtschaftspolitik noch bei den sozialen Freiheiten und Rechten wurden während Rafsanjanis Amtszeit nennenswerte Fortschritte erzielt.

DER REFORMPROZESS DES IRAN UND DIE ISLAMISCHEN REFORMDENKER

Aus den Präsidentschaftswahlen vom Mai 1997 ging der liberale Schia-Geistliche Muhammad Khatami als Sieger hervor. Er leitete nach seiner Vereidigung im August 1997 eine Politik der behutsamen Reform von Staat und Gesellschaft ein, die sich aber im Rahmen der Verfassung der Islamischen Republik Iran von 1979 bewegte. Der von Khatami in Gang gesetzte Reformprozess war von Anfang an jedoch wachsenden Behinderungen durch den dominanten konservativen Flügel der iranischen Machtelite ausgesetzt, was letztlich dazu führte, dass der Reformprozess seit Khatamis Wiederwahl im Juni 2001 stagniert. Das Haupthindernis für einen demokratischen Wandlungsprozess bleibt der in der Verfassung angelegte Dualismus zwischen Theokratie und Republikanismus in Gestalt eines sich islamisch legitimierenden Revolutionsführers einerseits und einer Legislative sowie einem Exekutivleiter, die direkt vom Volk gewählt werden, andererseits.

Eine der Haupttriebkräfte des Reformprozesses ist der ansteigende Veränderungsdruck durch eine schnell wachsende und extrem junge Bevölkerung – mehr als 50 Prozent der Wahlberechtigten sind jünger als dreißig Jahre. 1979 hatte der Iran rund 36 Millionen Einwohner. Bis 2004 verdoppelte sich die Bevölkerung fast und beträgt heute etwa 70 Millionen Einwohner. Khatamis Wähler und Sympathisanten sind vor allem unter den Intellektuellen, der Jugend und den Frauen Irans zu suchen. Die Generation der in den siebziger und achtziger Jahren geborenen Iraner ist vom islamischen Regime enttäuscht, da die Revolution die 1979 gegebenen Versprechen von sozialer Gerechtigkeit und materiellem Wohlstand nicht erfüllt hat. Seit 1979 hat sich die wirtschaftliche Situation der meisten Iraner stark verschlechtert. So lebten nach offiziellen Schätzungen aus dem Jahr 1996 rund 53 Prozent aller Iraner unter der Armutsgrenze.

Die Jugend drängt auf eine politische und ökonomische Liberalisierung. Sie fordert Reformen, durch die Arbeitsplätze geschaffen, die Inflation gebremst und der Lebensstandard verbessert werden sollen. Ferner verlangt sie eine Lockerung der rigiden sozialen und kulturellen Restriktionen, die das Leben der meisten Iraner bestimmen, insbesondere in den Bereichen der islamischen Kleiderordnung für Frauen, der Beziehungen zwischen den Geschlechtern, Zugangsmöglichkeiten zu westlicher Kultur und westlichen Medien.

Der Wahlsieg Khatamis eröffnete eine neue Phase in der Geschichte des postrevolutionären Iran. In Iran wurde zum ersten Mal seit 1979 in der Öffentlichkeit die Frage aufgeworfen, welchem der zwei Ordnungsprinzipien des Systems, der Theokratie oder dem Republikanismus, Vorrang gebührt. Um seinen Gestaltungsspielraum zu vergrößern, war Khatami bestrebt, die Presse- und Meinungsfreiheit zu erweitern und die Garantie der verfassungsmäßigen Bürgerrechte zu verteidigen, um so die öffentliche Meinung zu einer die Gewalten kontrollierenden politischen Macht zu machen. Gefördert durch die Regierung, stieg bis Anfang 2000 die Zahl der lizenzierten, zumeist reformistischen Zeitungen und Zeitschriften auf über 600 an. Die auflagenstärksten Reformblätter bildeten machtvolle Foren einer Gegenöffentlichkeit, die die politischen Bastionen der Konservativen, etwa in der Justiz, den Sicherheitsdiensten oder der Revolutionswächter-Armee, unerbittlich kritisierten.

Durch die Gegenöffentlichkeit entstand ein kritischer Diskurs, der vor allem um die Neubewertung des Verhältnisses von islamischer Tradition in ihrer seit 1979 im Iran dominanten theokratischen Ausprägung einerseits und westlicher Moderne mit ihren Konzepten von Demokratie, Rechtsstaat und Menschenrechten andererseits kreiste. Doch brachten harte Gegenschläge der konservativen Reformgegner ab Mitte 2000 die Dynamik der Reformbewegung fast zum Erliegen. Federführend war dabei die Justiz, die unter fadenscheinigen Vorwürfen über neunzig Reformzeitungen schließen und Hunderten von Reformaktivisten den Prozess machen ließ. Präsident Khatami stand und steht diesem Treiben weit gehend ohnmächtig gegenüber. Denn das verfassungsmäßig verankerte Ungleichgewicht der Machtkompetenzen zwischen Revolutionsführer und Präsident hat zur Folge, dass er weder die effektive Regierungsgewalt noch die Kontrolle über die Streit- und Sicherheitskräfte in Händen hat.[23]

Der intellektuelle Kopf und Haupttheoretiker der iranischen Reformdebatte um Moderne und Islam, dessen Thesen die meisten anderen Reformtheoretiker angeregt haben, ist seit 1990 der Religionssoziologe und Wissenschaftsphilosoph Abdolkarim Sorush (geb. 1945 in Teheran). Sorushs philosophisches Werk ist sowohl geprägt durch Einflüsse mittelalterlicher klassischer islamischer Theologen wie Muhammad al-Ghazali (gest. 1111) und islamischer Mystiker wie Jalal al-Din Rumi (gest. 1273) als auch durch die intensive Auseinandersetzung mit westlichen Philosophen der Neuzeit, wie Immanuel Kant und Karl R. Popper. Sorush studierte von 1970 bis 1979 in England und promovierte dort in Chemie. Nach seiner Rückkehr in den Iran war er von 1980 bis 1984 ein einflussreiches Mitglied im »Hohen Rat der Iranischen Kulturrevolution«.[24] Anfänglich ein gefeierter Chefideologe der Revolution, die er bis Mitte der achtziger Jahre in zahlreichen Radio- und Fernsehsendungen und Büchern insbesondere gegen linke und marxistische Gegner verteidigte, wandelte sich Sorush ab Ende der achtziger Jahre zum wichtigsten intellektuellen Dissidenten des Regimes.

Seine wichtigste Theorie, die ihm den Zorn des konservativen Flügels der Regierungsgeistlichkeit eintrug, formulierte er 1990. Deren Kernthese ist die Forderung nach strenger epistomologischer Unterscheidung zwischen konsistenter, unveränderbarer Religion (*din*) einerseits und dem Wissen über Religion (*marefat-e din*) andererseits. Letzteres bedeutet für Sorush primär das tradierte, theologische Wissen der schiitischen Rechtsgelehrten, der *fuqaha*. Deren Wissen von Religion, unterschiedlichen historischen Zeitläuften und Wissenschaftshorizonten entsprungen, sei inkonsistent und widerspruchsvoll. Als ein historisches Produkt habe das Wissen der Schia-Theologen keinen Anspruch auf »Verheiligung« und müsse, so Sorush, wie jede andere der Veränderung unterliegende moderne Wissenschaftsdisziplin auch der Kritik unterzogen und durch befruchtenden Austausch mit den modernen Wissenschaftsdisziplinen erneuert werden.[25]

Aus seiner Theorie von der steten Wandelbarkeit des religiösen Wissens leitet sich Sorushs Kritik an der *velayat-e faqih* Khomeinis ab. Sorush meint, dass man den Geistlichen nur in kultischen Fragen, nicht jedoch in politischen Angelegenheiten Nachahmung (*taqlid*) schulde, weil diese keine politische Vorbildfunktion hätten. Er vertritt die Überzeugung, dass die herrschenden schiitischen Rechtsgelehrten die Religion unzulässigerweise auf eine einzige Lesart reduzierten und alle anderen unterdrückten.[26] Der universalistisch-fundamentalistische Anspruch der schiitischen Rechtsexperten, aus der Rechtswissenschaft Lösungen für alle Probleme der Welt ableiten zu können, sei, so Sorush, unhaltbar, da der Islam nur ein eingeschränktes Lösungspotenzial für Probleme des Diesseits besitze.

Laut Sorush verfügt die islamische Rechtswissenschaft (*fiqh*) über keine Programme, um ein Land zu regieren oder zu verwalten, und bietet auch keine Lösungen für wirtschaftliche, medizinische und andere Probleme der modernen, komplexen Welt. Als Alternative zur jetzigen Regierung propagiert Sorush das Konzept einer religiös-demokratischen Regierung (*hokumat-e demukratik-e dini*), in der liberal-pluralistische Ordnungsvorstellungen mit einer religiösen Weltsicht in Einklang gebracht werden sollen. Lediglich eine religiös-demokratische Regierung, die die Menschenrechte wahrt, könne dem Missbrauch der Religion durch Personen, die vorgeben, dem Islam zu dienen, doch diesen nur zum Zwecke des Machterhalts gebrauchen, einen Riegel vorschieben.[27] Mit diesen radikalreformerischen Thesen geht Sorush, der sich seit 1998 wegen stetig gewachsener Anfeindungen der iranischen Konservativen überwiegend in den Vereinigten Staaten aufhält, weit über den von Khatami angeführten Mainstream der Reformbewegung hinaus.

Khatami hat seit 1997 öffentlich Auffassungen vertreten, die auf die Förderung von Toleranz gegenüber Andersdenkenden, den Interessenausgleich durch innergesellschaftlichen Dialog, und die Beachtung verfassungsmäßiger und rechtlicher Normen zielen. Nichtsdestotrotz ist der intellektuelle Khatami kein auf Umsturz des Systems sinnender Revolutionär, sondern – wählt man etwa die Sowjetunion als Vergleich – eher mit Gorbatschow als Lenin zu vergleichen. So hat er vor und nach seinem Amtsantritt als Präsident 1997 stets betont, dass er ein überzeugter Anhänger der *velayat-e faqih* sei und sein reformerisches Wirken nur im Rahmen des bestehenden Verfassungs- und Rechtssystems verwirklichen wolle. Khatami glaubt die islamische Theokratie humanisieren zu können, ohne sie aber im Kern anzutasten. So hat er bislang darauf verzichtet, die absolute Machtkompetenz des Revolutionsführers ernsthaft beschneiden zu wollen, und hofft, dieser verhalte sich aufgeklärt und einsichtig genug, um dem legitimen Wunsch des Volkes nachzukommen, seine Aktivitäten den Normen der Verfassung anzupassen. Bezeichnenderweise hat Khatami bis heute weder selbst die Forderung nach einer Einschränkung der absoluten Autorität durch Verfassungsänderung erhoben noch darauf zielende Initiativen von Radikalreformern unterstützt.

Obwohl es zu früh wäre, die Reformbewegung für tot zu erklären, deuten doch viele Anzeichen darauf hin, dass die Regierung Khatami einer ungewissen Zukunft entgegensieht. Dazu gehört die massive Niederlage der Reformer in den Kommunalwahlen von 2002, als viele Wähler aus Enttäuschung über die nicht erfüllten Reformversprechen der Regierung Khatami den Abstimmungsurnen fernblieben.

DIE SCHIA AUSSERHALB DES IRAN UND IHRE RENAISSANCE IM IRAK

DIE SCHIITEN IN DEN ARABISCHEN LÄNDERN UND IHR VERHÄLTNIS ZUM IRAN

Zwischen dem Iran und schiitischen Gemeinden in den arabischen Ländern hat es über Jahrhunderte hinweg rege Kontakte gegeben. Seit dem Beginn der Schiitisierung des Iran im 16. Jahrhundert sind die Kontakte der Schia-Theologenfamilien, die auf Bitte der Safawiden-Schahs aus dem Libanon, aus Bahrain und dem Irak kommend in den Iran einwanderten, zu ihren Heimatländern nie abgerissen. Mit der Schia des Irak sind die Iraner durch die Existenz der Schreinstädte Najaf und Kerbela verbunden. Iranische Seminaristen, Pilgerreisende, Theologen und Kaufleute haben daher seit alters Verbindungen zur arabischen Schia des Irak aufrechterhalten.

Außerhalb des Iran waren Schiiten oftmals Unterdrückung und Diskriminierung durch die sunnitischen Machthaber ausgesetzt. Während es ihnen beispielsweise im streng sunnitischen Saudi-Arabien lange Zeit verboten war, ihre Rituale auszuüben, so wurden sie in Afghanistan noch vor 120 Jahren als Sklaven verkauft. Traditionell wurde der schiitische Südlibanon von allen Herrschern des Landes vernachlässigt und litt nach der Staatsgründung Israels ganz besonders schwer unter den Kämpfen, die Palästinenser und Israelis auf libanesischem Territorium ausfochten.

Von den theologischen Schia-Zentren in Najaf und Kerbela ausgesandte Missionare konnten im 19. Jahrhundert einen Großteil der arabischen Beduinenstämme des Süd- und Zentralirak zur Schia bekehren. So erhielt der Irak ab der Wende vom 19. zum 20. Jahrhundert eine schiitische Bevölkerungsmehrheit.[28] Nachdem britische Truppen 1918 den Irak der osmanischen Herrschaft entrissen und eine Mandatsherrschaft installiert hatten, kam es in den Jahren darauf zu einer irakischen, vor allem von hochrangigen Schia-Theologen geführten Widerstandsbewegung gegen die Briten, die aber gewaltsam niedergeworfen wurde. Einige besonders renitente Schia-Kleriker nahmen vor der Verfolgung durch die Briten und den von ihnen aufgebauten Hashimiten-König Zuflucht im Iran. Ab Ende der zwanziger Jahre verbesserte sich die Lage der schiitischen Mehrheit unter der Monarchie allmählich, doch verschlechterte sie sich wieder seit dem gewaltsamen Sturz der Monarchie von 1958, die zur Machtergreifung mehrerer einander durch blutige Militärputsche ablösender extrem nationalistischer arabischer Regime führte. Besonders prekär wurde die Situation der Schia nach der Machtergreifung der Baath-Partei 1968, da sie gegenüber den Schiiten wegen ihrer Verbindungen zum Iran tiefsten Argwohn hegte. Eine Ursache dieses Misstrauens ist die bei vielen arabischen Sunniten verwurzelte, doch falsche Vorstellung, die Schia sei eine »iranische« Religion.

Die zwischen Marginalisierung und Unterdrückung schwankende Lage der Schiiten außerhalb des Iran ist auch ein Grund dafür, warum sie für den iranischen Staat, dessen Territorium ihnen freie Möglichkeiten der Entfaltung und Flucht vor Verfolgung bot, immer eine gewisse Sympathie gezeigt haben. So stieß Khomeinis Islamische Revolution von 1979 vielerorts in der schiitischen Welt auf instinktive Sympathie, die aber nicht unbedingt auf einer Akzeptanz der von ihm geprägten islamistischen Ideologie basierte. In den Anfangsjahren der Islamischen Republik Iran schien es, als wenn das revolutionäre Fieber auch auf andere Länder übergreifen könnte, so etwa auf Saudi-Arabien, Bahrain oder den Irak. Während die Schiiten in Saudi-Arabien und Bahrain, wo Protestbewegungen und Putschversuche niedergeschlagen wurden, durch Zugeständnisse teilweise beschwichtigt und unter Kontrolle gehalten werden konnten, vermochte Saddam Hussein die Protestbewegung der Schia des Irak erst durch äußerst harte Repressalien in den Griff zu bekommen.

Vielfach wird in den westlichen Medien der Eindruck vermittelt, schiitische Gemeinden außerhalb des Iran verfolgten durch ihre religiöse Zugehörigkeit zwangsläufig die gleiche politische Orientierung wie der Iran oder seien gar dessen »Fünfte Kolonne«. Dieser Eindruck trügt. Vielmehr sind die wechselseitigen Beziehungen von einer so großen Ambivalenz und Widersprüchlichkeit, dass seriöse Aussagen über politische Loyalitäten dieser Schia-Gemeinden, die sich primär auf deren ethnische oder religiöse Zugehörigkeit gründen, kaum zu treffen sind.

Am Beispiel des Libanon und des Irak lässt sich dies gut verdeutlichen. Im Libanon ist in den sechziger Jahren unter der Leitung des charismatischen, 1951 aus Qom zugezogenen Schia-Theologen Musa al-Sadr eine schiitische Bewegung entstanden, die später unter dem Namen *Amal* (»Hoffnung«) bekannt wurde. *Amal* verfocht die ökonomischen und soziopolitischen Interessen der bis dato stark marginalisierten Schiiten des Südens, war jedoch reformistisch und nicht revolutionär gesinnt und wirkte daher innerhalb der demokratischen libanesischen Institutionen. Musa al-Sadr verschwand jedoch 1978 bei einem Zwischenstopp in der libyschen Hauptstadt Tripolis spurlos.

Im Zuge der Islamischen Revolution im Iran radikalisierten sich jedoch zahlreiche Schiiten des Libanon, was 1982 zu einer Spaltung der *Amal*-Bewegung führte. Als Ergebnis direkter Einflussnahme Teherans wurde die *Hizbullah* ins Leben gerufen, die im Gegensatz zu der national orientierten *Amal* eng mit dem iranischen

Revolutionsregime kooperiert und seither auch von diesem finanziell unterstützt wird. Im Verlauf des sechzehnjährigen Bürgerkriegs verstrickten sich sogar die beiden politisch-militärischen Schiitenorganisationen zwischen 1987 und 1989 in einen militärisch ausgefochtenen Bruderzwist. Die Rivalität beider Schiitenorganisationen hält bis heute an und ist eine Konstante der Innenpolitik des Libanon.

Die in der Dekade Khomeinis unternommenen Versuche des Teheraner Regimes, seine Islamische Revolution zu exportieren und in den Nachbarstaaten islamische Tochterrepubliken zu errichten, waren mit dem 1988 sieglos beendeten Iran-Irak-Krieg endgültig gescheitert. Spätestens seit Khomeinis Tod 1989 und dem Beginn der Präsidentschaft Rafsanjanis wird die iranische Außenpolitik eindeutig von realpolitischen Erwägungen sowie dem iranischen Nationalinteresse und weniger von ideologischen Dogmen, wie dem Revolutionsexport, beherrscht. Dies blieb nicht ohne Auswirkungen auf das Verhältnis von Teheran zu den arabischen Schiiten, etwa zur *Hizbullah* im Libanon, die für den Iran teilweise an Bedeutung verloren hat.

Trotz der weiterhin engen Beziehungen zu Teheran hat sich die *Hizbullah* seit dem Ende des libanesischen Bürgerkriegs mehr und mehr von seiner einstigen Klientelmacht emanzipiert und ist zu einer eigenständigen nationalen Kraft im Libanon geworden. Ohnehin war die *Hizbullah* nie – wie die oft eindimensionale Berichterstattung westlicher Medien glauben machen will – nur der lokale willenlose Erfüllungsgehilfe Teherans für dessen Streben nach regionaler Hegemonie. Gut ablesbar ist dies an der Person und am Wirken des einflussreichen spirituellen Mentors der *Hizbullah*, Shaikh Husain Fadlallah, der es unter Ausnutzung der pluralistischen Struktur des Schia-Klerus verstand, eine gewisse Autonomie seiner Organisation gegenüber der Außenpolitik des Iran zu sichern.

Fadlallah stammte aus dem irakischen Najaf. Er war ein enger Schüler des konservativen und apolitischen Groß-Ayatollahs Abolqasem al-Khoi, des nach dem Tod von Muhsin al-Hakim (1970) wichtigsten *marja al-taqlid* im Irak und teilweise weit darüber hinaus. Fadlallah fungierte bis zu al-Khois Tod 1992 als dessen Repräsentant. Zwar stimmte Fadlallahs politischer Aktivismus weitaus mehr mit Khomeinis Haltung als mit der von al-Khoi überein, doch erlaubte es ihm die Verbindung mit Najaf, gegenüber der Politik Teherans eine beachtliche Handlungsfreiheit zu wahren. Während beispielsweise Ende 1994 der politische Führer der libanesischen *Hizbullah* den Anspruch des iranischen Revolutionsführers Ali Khamenei auf den Rang eines *marja al-taqlid* unterstützte, versagte ihm Fadlallah die Anerkennung.

DIE IRAKISCHE SCHIA

Bis heute werden die komplexen internen Strukturen des schiitischen Klerus von westlichen Politikern und Medien nicht oder nur unzureichend verstanden, was sich am Beispiel des gescheiterten Schiitenaufstands im Irak 1991 zeigte. Als die Schiiten sich nach der Niederlage der irakischen Truppen im Kuweit-Krieg gegen das Baath-Regime erhoben und vorübergehend große Gebiete im Südirak in ihre Gewalt gebracht hatten, entschied die US-Regierung unter Präsident George Bush senior aus Furcht vor einem Einflussgewinn Teherans im Irak, Saddam Hussein freie Hand bei der Unterdrückung der Rebellion zu lassen.

Ayatollah al-Khoi hatte während des achtjährigen iranisch-irakischen Krieges seine unpolitische Haltung gewahrt und sich trotz Einschüchterungsversuchen des Baath-Regimes weder für die eine noch die andere Seite ausgesprochen. Aber als schiitische Aufständische im

März 1991 Najaf befreiten und ihn zu einer Stellungnahme drängten, musste der hochbetagte al-Khoi widerstrebend seine Zurückhaltung aufgeben: Er ernannte ein Komitee aus fünf *mujtahids*, die in Najaf das Gemeinwohl schützen sollten, und ließ durch seinen Sohn Abd al-Majid al-Khoi Kontakt zu den heranrückenden US-Truppen aufnehmen, um den Vormarsch der alliierten Truppen gegen das Baath-Regime mit dem Schiitenaufstand zu koordinieren. Während jedoch die kurdischen Rebellen im Norden des Irak bald den Schutz der Vereinten Nationen genossen, schritten die Entscheidungsträger in Washington nicht ein, als die verbliebenen regimetreuen Eliteverbände Saddam Husseins sich an die Rückeroberung des irakischen Südens machten. Die ungemein harte Vergeltungskampagne kostete zwischen 30 000 und 60 000 Schiiten, darunter auch zahlreichen Geistlichen, das Leben. Die Schätze der Schreinstädte Najaf und Kerbela wurden geplündert, Bibliotheken und theologische Seminare zerstört, abertausende von alten Manuskripten verbrannt. Saddam Hussein zwang den greisen Ayatollah al-Khoi zu einem demütigenden gemeinsamen Fernsehauftritt und ließ ihn dann bis zu seinem Tod im August 1992 unter Hausarrest stellen.

Die amerikanisch-britische Militärinvasion in den Irak im Jahr 2003 bedeutete einen Geschichtsbruch. Sie führte nicht nur zum Kollaps des Baath-Regimes von Saddam Hussein, sondern machte auch der historisch gewachsenen Dominanz sunnitischer Machteliten im Irak den Garaus. Zugleich veränderte sie den machtpolitischen Status quo zugunsten der arabischen Schiiten, die seither eine politische Renaissance erleben. Daran dürfte auch der zähe und verlustreiche Guerillakrieg, den die Saddam-Loyalisten im »sunnitischen Dreieck« nördlich und westlich von Bagdad gegen die alliierten Besatzungskräfte führen, nichts mehr ändern. Mit dem Kollaps des Baath-Regimes kommen zum ersten Mal in der irakischen Geschichte die Anhänger der Schia zum Zuge, die zwar mit schätzungsweise 14,4 Millionen Menschen 60 bis 65 Prozent der Bevölkerung des Irak stellen,[29] aber von den vorangegangenen sunnitischen Minderheitsregimen an den Rand gedrängt worden waren. Diese sunnitische Dominanz war unter der Osmanenherrschaft (1508–1918) etabliert worden[30] und blieb sowohl unter der Mandatsherrschaft Großbritanniens (1918–1932) und der von ihr installierten Hashimiten-Dynastie (1921–1958) als auch unter den verschiedenen Militär- oder Einparteiendiktaturen nationalistischer und baathistischer Ausrichtung (1958–2003) eine bestimmende politische Konstante.

Dass die Schia des Irak überhaupt binnen kurzem erstarken konnte, wurzelt in den Umständen des Sturzes der irakischen Baath-Diktatur durch die amerikanische Invasion. Traditionell haben Kleriker in der Schia des Irak die Führung inne. Dagegen spielen säkulare schiitische Politiker wie Ahmad Chalabi bei den Schiiten nur eine untergeordnete Rolle. Er ist der den neokonservativen Falken im Pentagon nahe stehende Führer des Iraqi National Congress (INC), einer 1992 mit Hilfe des CIA in London gegründeten Dachorganisation der wichtigsten irakischen Oppositionskräfte des In- und Auslands. Ausgangspunkt dieser Wiedergeburt war das Machtvakuum, das sich im Zuge der raschen Auflösung des Baath-Machtapparats im April 2003 in weiten Teilen des überwiegend von Schiiten bevölkerten Süd- und Zentralirak aufgetan hatte. Gestützt auf die religiöse Autorität ihrer geistlichen Führer sowie auf die Macht der von ihnen gebildeten und geleiteten bewaffneten Milizen, konnten einige Schia-Kräfte dieses Vakuum erstaunlich rasch füllen und vielerorts die Zivilverwaltung und die Rechtsprechung übernehmen.

Befreit vom Terror des Baath-Unterdrückungsapparates und mit neuem Selbstbewusstsein ausgestattet, fordern die Wortführer der Schiiten seit April 2003 mit wachsendem Nachdruck eine gerechte, ihrem Majoritätsstatus entsprechende Teilhabe an einem zukünftigen Regierungssystem. Die organisatorischen Fähigkeiten der schiitischen Führer und deren Geschick, das politische Moment zu ihrem Vorteil zu nutzen, überraschten die US-Kriegsplaner. Fortan waren sie gezwungen, den Kräften der Schia in ihren Planungen für den Aufbau einer demokratisch-pluralistischen Nachkriegsordnung als einem entscheidenden Faktor Rechnung zu tragen. Dabei nahmen sie an, dass sich unter den Schiiten letztlich religiös moderate und säkulare Kräfte mit proamerikanischen Tendenzen durchsetzen würden. Ausdruck dieser Überlegungen sind die vom konfessionellen Proporzdenken bestimmten Personalentscheidungen, die US-Zivilverwalter Paul Bremer, der den Neo-Konservativen zugerechnete Chef der provisorischen US-Übergangsverwaltung (CPA), im Juli 2003 traf. Als Ergebnis dessen bilden Personen, die zumindest nominell Schiiten sind, die Mehrheit der Mitglieder in dem von Bremer am 13. Juli 2003 ernannten 25-köpfigen provisorischen Regierungsrat.

Die Haltung der irakischen Schiiten gegenüber den Vereinigten Staaten ist zwiespältig. Auf der einen Seite sind sie den USA für die Befreiung dankbar. Auf der anderen Seite hegen sie Argwohn gegenüber den wahren Motiven Washingtons und fordern den raschen Abzug seiner Streitkräfte aus dem Irak und die Übergabe der Macht an eine legitime Regierung. Diese soll von allen Männern und Frauen in freien und fairen Wahlen auf der Grundlage »Ein Kopf, eine Stimme« bestimmt werden. Die Schiiten wissen genau, dass den Kräften der Schia in diesem Fall die Macht in Iraks zukünftiger Legislative und Exekutive sicher sein würde. Genährt wird das Misstrauen der irakischen Schiiten gegenüber Amerika vor allem durch die bitteren Erfahrungen aus dem gescheiterten Schiitenaufstand vom März 1991.

Eine Analyse des Verhaltens der meisten schiitischen Parteien und Gruppierungen zeigt, dass unter deren Führer ein informeller Konsens besteht, der angloamerikanischen Besatzungsmacht zumindest für ein Jahr keinen Widerstand zu leisten. Diese Entscheidung gründet sich auf das Kalkül, durch den von den Vereinigten Staaten angestrebten Neuaufbau einer parlamentarischen Demokratie die Chance zur Übernahme der Macht zu erhalten. Sollte dieses Kalkül nicht aufgehen oder sollten die USA ihre Truppen weitaus länger im Lande behalten, als es den Schiiten lieb ist, besteht die Gefahr, dass sich die Schiiten gegen Amerika wenden. Ob sich jedoch die religiös orientierten Kräfte der schiitischen Gemeinschaft auf eine einheitliche politische Plattform einigen können, ist bislang ungewiss. Mittlerweile haben die schiitischen Kleriker als Ergebnis ihrer Meinungsverschiedenheiten über die zukünftige politische Gestalt des Irak einen nach außen hin geleugneten, gleichwohl erbitterten Untergrundkrieg gegeneinander begonnen. Der Ausgang dieser Richtungskämpfe innerhalb der schiitischen Gemeinschaft wird bestimmen, ob eine organisierte politische Kraft aus ihnen hervorgehen und sich als legitime Vertretung aller Schiiten behaupten kann.

Ferner dürfte der Ausgang dieser Kämpfe mit darüber entscheiden, ob die Theokratie Irans ihre dominante Stellung innerhalb der weltweiten Schia verteidigen und ein Wiedererstarken der religiösen Zentren im Irak, allen voran Najaf, verhindern kann. An der Errichtung einer stabilen prowestlichen demokratisch-säkularen Ordnung kann Teheran nicht gelegen sein. Denn sie könnte einen Exodus vieler mit dem System unter Revolutionsführer Ali Khamenei unzufriedener irakischer und iranischer Geistlicher aus dem Iran bewirken, die dort bislang harten Repressalien des klerikalen Sondergerichtshofes unterliegen.[31] Die Folgen wären ein massiver Bedeutungsverlust Qoms und der

Wandel des Irak zu einer Hochburg klerikaler iranischer Dissidenten.

Damit träte, wenngleich diesmal unter umgekehrten Vorzeichen, eine ähnliche Situation ein wie in den sechziger und siebziger Jahren, als Ayatollah Khomeini Najaf zum religiösen und politischen Kraftzentrum der iranischen Anti-Schah-Bewegung machte.

Nach dem Sieg der iranischen Revolution 1979 begannen die neuen Teheraner Machthaber, die irakischen Schiiten zum Sturz ihres Regimes aufzufordern. Indes fand Teherans Propaganda bei weitem nicht den gewünschten Anklang, was nur teilweise in der äußerst harten Repression des Baath-Regimes begründet lag. Bereits während seines Najafer Exils hatte die radikale politische Botschaft Khomeinis, der mit den beiden führenden traditionalistisch-apolitischen Schia-Klerikern des Irak, den Groß-Ayatollahs Muhsin al-Hakim und Abolqasem al-Khoi, auf Kriegsfuß stand, nur geringen Widerhall bei der Masse der irakischen Schiiten gefunden. Nur wenige Schiiten, vorwiegend junge, politisch radikalisierte Kleriker von mittlerem Rang, folgten, wenngleich erst ab 1979, dem Ruf Khomeinis. Sie bildeten den Kern der Schia-Opposition, die in den Jahren 1979 und 1980 den bewaffneten Kampf gegen das Baath-Regime aufnahm. Aber aufgrund ihrer fehlenden Massenbasis und ihrer Zersplitterung in verschiedene miteinander konkurrierende Kräfte, wie die islamische *Dawa*-Partei (»der Aufruf [zum Islam]«) und die *munazzamat al-amal al-islami* (»Islamische Aktionsorganisation«, IAO), konnten sie das System nicht ernsthaft gefährden.

Als Saddam Hussein im Frühjahr 1980 viele Aktivisten und politisch-religiöse Führer der Schia-Opposition, an ihrer Spitze den charismatischen Chefideologen der *Dawa*-Partei, Ayatollah Muhammad Baqir al-Sadr, hinrichten ließ,[32] flohen die meisten der überlebenden Kader ins iranische Asyl. Während des Iran-Irak-Krieges erklärte die Propaganda der Bagdader Staatsführung, die dabei auf die panarabische Staatsideologie zurückgriff, den Krieg als vaterländischen Abwehrkampf der »irakischen Araber« gegen die fremden »Perser«. Diese Strategie, welche die ethnisch-kulturellen Differenzen zwischen Arabern und Iranern betonte, verfing bei der großen Mehrheit der nationalbewussten irakischen Schiiten, die sich in der Regel erst als irakische Araber und dann erst als Schiiten definierten. Nur ein Bruchteil der schiitischen Soldaten der Armee Iraks, in der sie achtzig Prozent der einfachen Soldaten und Unteroffiziere stellten, lief zum Feind über, was auch seinen Grund in Repressalien gegen die Familien zu Hause hatte.

DIE POLITISCH-RELIGIÖSEN KRÄFTE DER IRAKISCHEN SCHIITEN

Die Schiiten des Irak bilden keinen politisch oder religiös einheitlichen Block. Sie verteilen sich auf ein breites Spektrum von politischen und sozialen Kräften mit unterschiedlichen religiösen oder säkularen und nationalistischen Schattierungen. Schiiten in den städtischen Zentren des Irak, die den modernen Mittelschichten oder der Industriearbeiterklasse angehören, tendieren eher zu säkularen Parteien mit linken oder nationalistischen Programmen. Dennoch haben unter den irakischen Schiiten vor und nach dem Fall des Baath-Regimes die religiös orientierten Strömungen und Kräfte das weitaus größte Gewicht. Grob vereinfacht, lassen sie sich in zwei Hauptkategorien einteilen: einerseits die tendenziell unpolitischen traditionalistischen Kräfte, konzentriert um die Elite der Groß-Ayatollahs von Najaf, angeführt von Ali al-Sistani, andererseits die teilweise aus dem Iran zurückgekehrten, teilweise aus dem irakischen Untergrund aufgetauchten radikalen politischen Kräfte. Zur letzteren Kategorie zählen vor allem die *Dawa*-Partei, die »Islamische Aktionsorganisation« (IAO), der Supreme Council for Islamic Revolution in Iraq (SCIRI) und die *Sadr*-Bewegung (*tayar al-Sadr*). Während sich am Ringen um die Führerschaft über die Schia des Irak vor allem Anhänger al-Sistanis, der *Sadr*-Bewegung und des SCIRI beteiligen, spielen andere Schia-Kräfte, wie die *Dawa*-Partei und der IAO, nur eine untergeordnete Rolle. Deren in den Irak zurückgekehrte Führungskader begnügen sich damit, ihre kleineren lokalen Machtbasen zu konsolidieren.

Die Traditionalisten der Al-Sistani-Linie

Die meisten Führer der Traditionalisten sind ehemalige Schüler von Groß-Ayatollah al-Khoi. Al-Khoi rief 1988 in Najaf die Imam-al-Khoi-Stiftung ins Leben, eine philanthropische Missions- und Bildungsorganisation, die seit 1992 ihr Hauptquartier in einem Außenbezirk Londons hat. Die Al-Khoi-Stiftung unterhält ein weltweites Netzwerk von karitativen, missionarischen und pädagogischen Einrichtungen und Schulen, mit dem sie ihren weltweiten Einfluss über Millionen von Schiiten aufrechterhält und mehrt.[33] Finanziert wird sie durch religiöse Spenden, die schiitische Laiengläubige für karitative Zwecke Groß-Ayatollah al-Khoi anvertrauten und die sich nach Angaben exiloppositioneller iranischer Kleriker bei seinem Tod 1992 auf etwa drei Milliarden US-Dollar belaufen haben sollen. Im Gefolge des Schiitenaufstands von 1991 bezog die Al-Khoi-Stiftung widerstrebend politisch Stellung gegen das irakische Baath-Regime, das in den Jahren danach aus Vergeltung etliche Führungsmitglieder der Stiftung töten ließ, wie 1994 den damaligen Generalsekretär und Khoi-Sohn, Taqi al-Khoi. Sein Nachfolger als Generalsekretär der Al-Khoi-Stiftung wurde sein Bruder Abd al-Majid al-Khoi.

Die Al-Khoi-Stiftung stand von Anbeginn auch in stummer Gegnerschaft zur Islamischen Republik Iran.

Nach dem Tod von Groß-Ayatollah al-Khoi 1992 wurde sein früherer, seit 1953 in Najaf lebender iranischer Meisterschüler, Ayatollah Ali al-Sistani (geb. 1930 in Maschhad), zu seinem Nachfolger als religiöser Patron der Al-Khoi-Stiftung und treuhänderischer Empfänger der religiösen Spenden. Groß-Ayatollah al-Sistani gilt heute als der einflussreichste Schia-Kleriker des Irak, dem dort schätzungsweise dreißig Prozent aller Schiiten folgen. Er stand von 1994 bis zur Besetzung Najafs durch alliierte Truppen Anfang April 2003 unter Hausarrest.

Die Führung der *hauza* von Najaf, des aus verschiedenen Schulen und Seminaren bestehenden religiösen Wissenschaftszentrums, liegt heute in den Händen eines locker organisierten Führungsquartetts. Ihre Mitglieder sind die traditionalistischen Groß-Ayatollahs Ishaq al-Fayaz, Bashir al-Najafi, Muhammad Said al-Hakim und Ali al-Sistani als Primus inter pares. Die von Sistani verkörperte traditionalistische Strömung ist eher unpolitisch. Trotzdem haben die Umstände seit Beginn der US-Invasion bewirkt, dass sich auch in ihr die Grenzen zwischen politischen Abstinenzlern und Aktivisten immer stärker verwischten. Ausdruck dessen sind die *fatwas*, die al-Sistani seit April 2003 zu einer Reihe von wichtigen politischen Fragen erlassen hat. So forderte er in einer *fatwa* vom Juni 2003 die Abhaltung von Wahlen, um die Vertreter zu bestimmen, die eine Verfassung ausarbeiten sollen. Gleichzeitig verdammte er die Absicht der Vereinigten Staaten, einen Verfassungsrat aus von ihnen ernannten Delegierten zu schaffen, als absolut unannehmbar. Zugleich werden al-Sistani auch einige zu Beginn der amerikanischen Invasion erlassene *fatwas* zugeschrieben, die erkennen lassen, dass er eine grundsätzlich positive Haltung zu der US-Operation vertrat oder zumindest seine Anhänger zu keinem aktiven Widerstand aufforderte.

Die in sich widerspruchsvolle Beziehung der *hauza* unter al-Sistani zu den Besatzungsmächten zeugt von deren internen Spannungen und Ambivalenzen. Al-Sistani distanziert sich von jeder offenen Unterstützung der USA. Er vermeidet jeglichen direkten Kontakt mit amerikanischen Repräsentanten, die er auch wiederholt wegen ihrer Unfähigkeit, Sicherheit und Ordnung zu wahren, scharf kritisiert hat. Dass al-Sistani gegenüber den zunehmend unbeliebter werdenden USA Abstand hält, ist durchaus berechtigt. Seit April 2003 sind zahlreiche schiitische Politiker und Kleriker, die im Ruf der Kollaboration mit den USA standen, Opfer von Mordanschlägen geworden. Die Mehrzahl der Attentate und Morde geht auf das Konto der Saddam-Loyalisten. Eine Ausnahme bildet hier lediglich der Tod des Chefs der Al-Khoi-Stiftung, Abd al-Majid al-Khoi, der, von den US-Truppen aus dem Londoner Exil in den Irak eingeflogen, am 9. April 2003 von einem aufgebrachten schiitischen Mob am Najafer Imam-Ali-Schrein erstochen wurde. Die meisten Beobachter vermuten hinter al-Khois Ermordung Muqtada al-Sadr, den Führer der Sadr-Bewegung, der auf diese Weise einen Rivalen beseitigen ließ.

Der SCIRI

Der Supreme Council for Islamic Revolution in Iraq (SCIRI) ist ein lockerer Dachverband militanter Oppositionsgruppen überwiegend schiitischer Couleur, der 1982 von geflüchteten irakischen Schia-Aktivisten mit Teheraner Unterstützung aus der Taufe gehoben wurde. Sein Vorsitzender war Muhammad Baqir al-Hakim (geb. 1939), einer der jüngeren Söhne des 1970 verstorbenen berühmten und einflussreichen irakischen Groß-Ayatollahs Muhsin al-Hakim. Groß-Ayatollah al-Hakim war zwischen 1961 und seinem Tod im Jahr 1970 die unangefochten höchste theologische Autorität der irakischen Schia und zeichnete sich durch eine strikt traditionalistische, unpolitische Gesinnung aus. Anders als sein Vater verschrieb sich Baqir al-Hakim dem aktiven Widerstand gegen das Baath-Regime, was ihm wiederholt Gefängnishaft eintrug. Im Sommer 1980 freigelassen, floh er kurz nach Kriegsausbruch in den Iran, wo er 1982 den mit iranischer Hilfe gegründeten SCIRI etablierte. Aus Rache für al-Hakims Aktivitäten im SCIRI ließ das Bagdader Regime bis 1985 Dutzende von dessen im Irak zurückgebliebenen und inhaftierten Verwandten hinrichten.

Von Beginn an nahm der SCIRI für sich in Anspruch, die Vertretung aller schiitischen und sunnitischen Muslime des Irak zu sein. Er forderte die Gründung eines islamischen Staates Irak und deklarierte die Islamische Republik Iran einschließlich der *velayat-e faqih* als nachahmenswertes Vorbild. Im Februar 1983 etablierte der SCIRI auch einen militärischen Arm, das Badr-Korps, zusammengesetzt aus exilierten Schia-Aktivisten und in der Gefangenschaft übergelaufenen schiitischen Soldaten der irakischen Armee.[34] Schätzungen über die Stärke des Badr-Korps, das von Iran ausgerüstet und finanziert wird, gehen von bis zu 10 000 Mann aus. Aufgrund seiner engen Anlehnung an den Iran wurde der SCIRI, dessen Hochburg das Stammland der Al-Hakim-Familie, die Stadt Najaf und deren Umland, ist, von vielen nationalbewussten irakischen Schiiten abgelehnt.

Der Führer des SCIRI, Baqir al-Hakim, kehrte am 10. Mai 2003 nach 23-jährigem Teheraner Exil und unter dem begeisterten Jubel einer zehntausendköpfigen Anhängerschaft nach Najaf zurück. Bereits einige Wochen zuvor war die Nummer zwei des SCIRI, Baqir al-Hakims Bruder und Kommandeur des Badr-Korps, Abd al-Aziz al-Hakim, zurückgekommen, um in Bagdad das neu gegründete SCIRI-Büro für politische Angelegenheiten zu leiten. Diese sollte fortan dem SCIRI als wichtige politische Kontaktstelle zur CPA der USA dienen.

Von Anfang an verfolgte der SCIRI eine ambivalente Politik gegenüber den USA, die sich durch eine gemäßigt antiamerikanische Rhetorik, gepaart mit einer in praktischen Sachfragen erkennbaren partiellen Kooperationsbereitschaft mit den USA auszeichnete. So entschied sich Baqir al-Hakim nicht nur dazu, ab April 2003 eigene Vertreter in die kommunalen und nationalen Verwaltungsräte zu entsenden, sondern ließ den SCIRI auch durch seinen Bruder, Abd al-Aziz al-Hakim, im CPA, dem provisorischen Regierungsrat, vertreten – allesamt Gremien unter Aufsicht und Kontrolle der USA. Das taktische Verhalten der SCIRI-Führung gründet in der Einsicht, dass der Plan der USA, einer legitimen, aus Wahlen hervorgegangenen demokratischen, pluralistischen Regierung die Macht zu übergeben, für sie Vorteile hat. Bietet er doch dem SCIRI die Chance, sich nach dem Abzug der US-Truppen durch Teilnahme an dieser Regierung so gut zu positionieren, dass er später als stärkste politische Kraft die Macht allein übernehmen und eine Theokratie nach iranischem Vorbild errichten kann.

Die Strategie des SCIRI beruht vermutlich auf einer Absprache mit seiner Klientelmacht im Iran. Diese verfolgt aus Angst, das nächste Ziel der amerikanischen »Regimewechselstrategie« zu werden, trotz Beibehaltung antiamerikanischer Rhetorik seit Herbst 2002 gegenüber dem Irak eine Politik der Neutralität und Nichteinmischung. Nichtsdestotrotz trachtete die iranische Machtelite, mit deren konservativem Flügel die SCIRI-Führung durch Identität politischer und finanzieller Interessen ganz besonders eng verbunden ist,[35] mit Hilfe des SCIRI danach, für Teheran zukünftig möglichst viel Einfluss in Irak zu gewinnen. Ein Mittel dazu waren die reichlich fließenden Hilfsgelder Teherans an den SCIRI. Sie befähigten ihn, sich mittels Geldgeschenken und einträglicher Ämter die Loyalität lokal und regional einflussreicher Stammesführer und Notabeln sowie bestimmter Segmente des geistlichen Establishments der Schia in Najaf und Kerbela zu sichern und seine bislang geringe Popularität, zumindest vorübergehend, aufzuwiegen.[36]

Die antiamerikanische Agitation Muqtada al-Sadrs ist radikal, darüber hinaus mehren sich Gewaltakte seiner Anhänger gegen Mitarbeiter und Verwandte der Groß-Ayatollahs von Najaf, die diese einschüchtern sollen. Daher betrachten sowohl die schiitischen Traditionalisten als auch die CPA den SCIRI als kleineres Übel und als ein potenzielles Gegengift gegen die Sadr-Bewegung. Dass die *hauza* den SCIRI gegenüber der Sadr-Bewegung favorisiert, wurde im Juni 2003 deutlich. Damals billigte sie stillschweigend Baqir al-Hakims selbstherrliche Entscheidung, den lange verwaisten Posten des Freitagspredigers im prestigeträchtigen Imam-Ali-Schrein in Najaf an sich zu reißen – wohl in der Erwartung, er könne durch seine Predigten Anhänger Muqtada al-Sadrs abspenstig machen.[37]

Sah es noch Ende August 2003 so aus, als könne der SCIRI im Ringen mit der Sadr-Bewegung dauerhaft die Oberhand gewinnen, dürfte durch die Ermordung von Ayatollah Muhammad Baqir al-Hakim am 29. August 2003 beim Imam-Ali-Schrein in Najaf das Rennen wieder offen sein. Beim Verlassen der Schreinmoschee, in der er kurz zuvor das Freitagsgebet geleitet hatte, riss die Explosion einer gewaltigen Autobombe Baqir al-Hakim und etwa hundert weitere Personen in den Tod. Der Hauptverdacht richtete sich sofort gegen Überreste der Baath-Partei oder gegen sunnitische Radikale, die in der einen oder anderen Weise mit der Terrororganisation al-Qaida verbunden sein sollen. Milizionäre des Badr-Korps strömten sofort auf die Straßen von Najaf und anderen Städten und bestanden darauf, die zum Schutz der Schiiten und ihrer Einrichtungen nötigen Patrouillen durchzuführen, die die US-Truppen ihnen bislang verwehrt hatten.

Abd al-Aziz al-Hakim, der jüngere Bruder des getöteten Baqir al-Hakim, wurde neuer Führer des SCIRI. Er forderte die US-Truppen angesichts des amerikanischen Versagens bei der Aufrechterhaltung von Recht und Sicherheit zum sofortigen Abzug aus dem Irak auf, was ihn aber nicht davon abhielt, in den folgenden Monaten am SCIRI-Kurs der befristeten taktischen Kooperation mit den USA festzuhalten. Zweifelsohne hat die Ermordung Baqir al-Hakims den SCIRI geschwächt, dessen inneren Zusammenhalt er zeitlebens zu wahren verstand. Ob Abd al-Aziz al-Hakim die durch den Tod seines Bruders gerissene Lücke schließen kann, muss sich noch erweisen.

Dass der CPA-Chef, US-Sonderbotschafter Bremer, weiter an der Einbindung des SCIRI in einer Post-Baath-Nachkriegsordnung festhält, dürfte in der Einsicht Washingtons begründet liegen, dass im Irak die Stabilität nur mit den Schiiten und nicht gegen sie zu gewinnen ist. Ohne diese Stabilität können sich die USA aber nicht dem wichtigeren Krieg zuwenden: dem gegen die Terrororganisation al-Qaida. Der Iran als Klientelmacht des SCIRI könnte dabei helfen, da er ein Interesse daran hat, an seiner Westgrenze ein Auseinanderbrechen des Irak zu verhindern und an seiner Ostgrenze, in Afghanistan, ein Erstarken der extrem antischiitischen al-Qaida zu unterbinden. Wie tragfähig die Basis der gemeinsamen Interessen ist, die die USA und den Iran in Irak und gegenüber der al-Qaida verbindet, wird sich herausstellen.

Die Sadr-Bewegung

Die Sadr-Bewegung trat erst im Gefolge des Zusammenbruchs des Baath-Systems Ende März 2003 ans Licht der Öffentlichkeit. Trotzdem ist diese Bewegung heute die mächtigste aller politisch-radikalen Schia-Kräfte. Sie verfügt über eine ungemein breite, von der Sympathie der schiitischen Unterklassen zehrende Unterstützerbasis, die ältere Gruppierungen wie den SCIRI und die *Da'wa*-Partei bei weitem übertrifft. Ihr Führer ist der etwa dreißig Jahre alte – und sein genaues Alter verschweigende – Muqtada al-Sadr, der wegen seines politisch-religiösen Eiferertums und der Radikalität, mit der er die US-Besatzung verurteilte, fast kometengleich enorme Aufmerksamkeit erlangte.

Seine Popularität verdankt Muqtada al-Sadr dem einzigartigen Nimbus seines 1999 getöteten Vaters, des Groß-Ayatollahs Muhammad Sadiq al-Sadr (geb. 1943), von dem die Bewegung ihren Namen herleitet. Sadiq al-Sadr war ein Cousin von Ayatollah Muhammad Baqir al-Sadr (Sadr I.), der als Cheftheoretiker einer islamischen Regierung in Irak und Inspirator von Generationen von Schia-Aktivisten der sechziger bis achtziger Jahre einen legendären Ruf genoss.

Anders als sein Cousin beteiligte sich Sadiq al-Sadr, den viele seiner Anhänger auf Arabisch al-Sadr al-Thani nennen (übersetzt: Sadr II.), in den siebziger und achtziger Jahren nicht am gewaltsamen Widerstand gegen das Baath-Regime. Sadiq al-Sadrs Aufstieg in der klerikalen Hierarchie in den achtziger und neunziger Jahren war von Anfang an von Kontroversen begleitet, da viele seiner innerklerikalen Gegner den Verdacht hegten, Saddam Hussein habe ihn in seine Reihen aufgenommen. Als Bagdads Regierung nach dem Tod von Groß-Ayatollah al-Khoi 1992 Sadr II. offiziell als Groß-Ayatollah anerkannte und ihm stillschweigend erlaubte, in Hunderten irakischer Städte und Dörfer Freitagsimame zu ernennen, glaubten sich viele seiner Kritiker in ihrem Verdacht bestätigt.[38] Bagdads Förderung von Sadr II. entsprang einem mehrfachen Kalkül. So hoffte es zum einen, die arabischen Schiiten des Irak mithilfe von Sadr II., dessen arabisch-irakische Herkunft Iraks Propagandaapparat herausstrich, gegen die Beeinflussung durch den Erzfeind Iran feien und zum anderen Sadr II. instrumentalisieren zu können, um so die Kräfte der irakischen Schiiten zu schwächen und zu spalten.

Nach al-Khois Tod fühlten sich viele aus der jüngeren Generation der Schia-Kleriker von dem Iraker Sadr II. angezogen, der seine politisch-aktivistische Neigung gegenüber seinen Förderern im Baath-Staat anfänglich geschickt zu verbergen wusste. Sadr II. machte sich binnen kurzem einen Namen als begabter politischer Organisator und konnte auch mehrere Jahre relativ ungehindert seine Schriften verbreiten. Er etablierte in Basra, in Ostbagdad, Kufa und den Schreinstädten Najaf und Kerbela karitative, soziale und wirtschaftliche Netzwerke. Diese waren gruppiert um vom Staat unabhängige Schulen, Moscheen und Stiftungen, die seine ihm treu ergebenen schiitischen Gefolgsleute leiteten und somit seinen Einfluss unter der Bevölkerung erweiterten.

Zugute kam Sadr II. dabei die durch den verlorenen Kuweit-Krieg und das UN-Wirtschaftsembargo bewirkte verheerende wirtschaftliche und soziale Lage des Irak. Eines Großteils seiner Öleinkünfte beraubt, konnte die Baath-Diktatur nicht mehr wie zuvor die Grundversorgung mit Lebensmitteln und sozialen Dienstleistungen sicherstellen, was ihr jahrzehntelang das Wohlverhalten breiter Bevölkerungsschichten garantiert hatte. Zunehmende Massenarmut, Hunger, hohe Arbeitslosigkeit und eine horrende Inflation ließen Millionen Schiiten an allen politischen und sozialen Gewissheiten zweifeln und bei der Religion Zuflucht suchen. Gestützt auf ein Heer engagierter und disziplinierter Novizen, Prediger und Repräsentanten sowie mit ihm verbündeter Bazarhändler, sammelte Sadr II. beachtliche Mengen an Spendengeldern, mit denen seine karitativen Netzwerke die materiellen Bedürfnisse zahlreicher Anhänger und Sympathisanten in Form von Nahrungsmitteln, Medizin und Schulgeld befriedigten.[39] Den stärksten Einfluss gewann Sadr II. in Madina al-Thaura, einem im Osten Bagdads gelegenen, vor allem von Armen bewohnten Schiitenquartier, das heute schätzungsweise zwei Millionen Einwohner, etwa die Hälfte der Bevölkerung Bagdads, beherbergt.

Ein Faktor, der Sadr II. half, sich unter den argwöhnischen Augen des säkularen Baath-Regimes eine unabhängige Machtbasis im Volk aufzubauen, war die nach der Niederlage im Kuweit-Krieg vollzogene symbolische Hinwendung Bagdads zum Islam. Um die Diskreditierung seiner nationalistisch-arabischen Staatsideologie auszugleichen und sich nicht ganz der Bevölkerung zu entfremden, die verstärkt Halt und Trost im Islam suchte, befahl das Regime Glaubenskampagnen und ließ trotz finanzieller Engpässe durch das UN-Embargo und einer Hunger leidenden Bevölkerung landesweit unzählige neue Moscheen bauen. So wurden allein in Bagdad seit 1991 mehr als hundert neue Moscheen errichtet. Begünstigt durch die vorgebliche Hinwendung des Staates zum Islam und zu allen Formen öffentlich zelebrierter Frömmigkeit, begann Sadr II. damit, überall im Land informelle schiitische Scharia-Gerichte einzurichten. Zugleich suchte er die schiitischen Stämme des Irak davon zu überzeugen, viele ihrer alten, noch vorislamischen sozialen und religiösen Bräuche aufzugeben und sich dem formalen System der religiösen Rechtsprechung des Klerus zu unterwerfen. Sadr II. verdammte Frauen, einschließlich christlicher Frauen, die sich erdreisteten, unverschleiert das Haus zu verlassen, und hielt hasserfüllte Predigten gegen Israel. Einigen Beobachtern zufolge soll er auch Khomeinis Staatstheorie der Herrschaft des Rechtsgelehrten (*velayat-e faqih*) akzeptiert und beabsichtigt haben, eine solche Position für sich selbst im Irak zu erringen.[40]

Im Vertrauen auf seine ernst zu nehmende Massenbasis wagte es Sadr II. ab Mitte der neunziger Jahre immer häufiger, Saddam Hussein durch regimekritische Äußerungen in den von ihm selbst geleiteten Freitagsgebeten zu trotzen. Sadr II. gelang es, zu seinen Lebzeiten schätzungsweise zwei Millionen Anhänger für seine dem Khomeinismus in Iran ähnliche militante und puritanische Version des Schia-Islam zu gewinnen. Seine Freitagspredigten zogen zuletzt bis zu eine Viertelmillion Gläubige an. Dies verleitete ihn, warnende Aufforderungen des Regimes, fortan zu schweigen, nicht zu beachten. Als Saddam Hussein erkannte, dass der unlenkbar gewordene Sadr II. eine Gefahr geworden war, ließ er ihn und zwei seiner Söhne durch seinen Geheimdienst am 19. Februar 1999 in Najaf töten.[41] Die massiven Unruhen, die daraufhin in Südirak ausbrachen, wurden mit äußerster Gewalt unterdrückt.

Der jüngste, dem Mordanschlag von Februar 1999 entgangene Sohn von Sadr II., Muqtada al-Sadr, wurde Erbe einer Familientradition des Martyriums. Verheiratet mit der zur Waisen gewordenen Tochter von Muhammad Baqir al-Sadr (Sadr I.), tauchte er im Frühjahr 1999 in den Untergrund von Kufa und Ostbagdad ab. Dort setzte er den Aufbau des Netzwerkes seines Vaters fort und organisierte eine Massenbasis unter den jungen schiitischen Slumbewohnern.

Die amerikanische Invasion Iraks im Frühjahr 2003 erwies sich für ihn als Gottesgeschenk. Schon bevor das Baath-Regime am 9. April endgültig zusammenbrach, hatten seine Anhänger die Mitglieder der Baath-Partei aus Ostbagdad, das sie umgehend zu Ehren der beiden Märtyrer Sadr I. und Sadr II. in »Madinat al-Sadr« umbenannten, vertrieben. Muqtada al-Sadrs junge Anhänger gingen daran, zahlreiche Moscheen und andere schiitische Einrichtungen wiederzueröffnen, Nachbarschaftsmilizen einzurichten und Waffen- und Munitionsdepots der Armee in ihre Gewalt zu bringen. Ferner übernahmen sie die Kontrolle über zahlreiche Krankenhäuser und lokale Stadtverwaltungen in Ostbagdad, Kufa und in einigen Bezirken von Najaf, Kerbela und Basra. Muqtada al-Sadr ließ wiederholt in Bagdad, Basra und Najaf bis zu 20 000 Anhänger gegen die angloamerikanische Besatzung demonstrieren.

Für den Irak wollen die Sadr-Anhänger die Errichtung einer auf der Scharia gegründeten, strikt islamischen Regierung und verweigern jegliche Zusammenarbeit mit den USA, die sie davon abbringen könnte.

Obwohl die Sadr-Bewegung die Okkupation des Irak verurteilt und den von den USA eingesetzten Übergangsregierungsrat jegliche Legitimität abspricht, hat sie es bislang vermieden, ihre Anhänger zum bewaffneten Kampf gegen die Besatzungstruppen aufzurufen. Mangels Informationen ist bislang aber noch nicht abschätzbar, wie weit die mehrmals von der Sadr-Bewegung angekündigte Aufstellung eines Militärkorps mit dem Namen »Armee des Mahdi«, die sie auch zu einem militärischen Faktor machen würde, gediehen ist.

Die Gegnerschaft der Sadr-Bewegung richtete sich von Anbeginn auch gegen die Traditionalisten der Al-Sistani-Linie, der sie vorwirft, aus Feigheit der Baath-Diktatur keinen Widerstand geleistet und sich so für die Führung der irakischen Schia disqualifiziert zu haben. Mit ähnlich feindseliger Verachtung strafen sie auch die aus dem sicheren Ausland zurückkehrenden Kleriker und Exilpolitiker vom Schlag eines Ahmad Chalabi, des Führers des INC. Besonders ausgeprägt war Muqtada al-Sadrs Rivalität zum SCIRI, dem er jede Legitimität und jede Massenbasis unter der Schia absprach.[42]

Im Mittelpunkt der zumeist den Augen der Öffentlichkeit entzogenen erbitterten Machtkämpfe zwischen den Anhängern al-Sistanis, des SCIRI und der Sadr-Bewegung stand zumeist der Streit um die Kontrolle über Sphären und Orte mit hoher symbolischer Bedeutung. Die wichtigsten Zankäpfel waren dabei der Imam-Ali-Moscheenschrein in Najaf und der Schrein des dritten Imams, Husain, in Kerbela. Mitte Oktober versuchten Milizionäre der Mahdi-Miliz, die Al-Sistani-Gefolgsleute mit Maschinengewehren aus dem Imam-Husain-Schrein zu vertreiben. Es brachen Feuergefechte aus, bei denen mindestens fünf Menschen starben, Dutzende andere verletzt wurden und die erst nach Aushandlung einer brüchigen Waffenruhe endeten. Mitglieder von al-Sadr-treuen Milizen hatten sich seit dem Sommer 2003 verschiedentlich auch mit den Besatzungsstreitkräften Gefechte mit Toten auf beiden Seiten geliefert. Die US-Truppen schreckten ungeachtet der fortgesetzten Provokationen seiner Anhänger, für die er jede Verantwortung abstreitet, bislang noch vor der Verhaftung von Muqtada al-Sadr zurück. Dies hat Gründe. Augenscheinlich ist ihnen bewusst, dass eine Gefangennahme seine Popularität unter den Schiiten auf Kosten des traditionalistischen Establishments von Najaf eher noch steigern, viele seiner bislang noch passiven Sympathisanten zu aktivem bewaffneten Widerstand gegen die Besatzer reizen und damit den noch relativ ruhigen Südirak unkontrollierbar machen würde.

Das größte Manko der Sadr-Bewegung ist die unzureichende theologische Qualifikation ihres jugendlichen Führers, die sich bei weitem nicht mit denen von al-Sistani vergleichen lassen. Dies schränkt die Akzeptanz der religiös-politischen Anordnungen Sadrs II. ein. Um diesen Mangel wettzumachen, beruft er sich auf die religiöse Autorität seines immer noch von vielen Irakern hochverehrten toten Vaters, für deren Rechtsgutachten er nicht nur fortwirkende Gültigkeit beansprucht, sondern die er auch selbst gemäß den Umständen und eigenen Interessen auslegt. Da traditionell die große Mehrheit der orthodoxen Schia-Kleriker den *fatwas* von verstorbenen Groß-Ayatollahs die Gültigkeit abspricht,[43] betrachten vieler seiner klerikalen Kritiker Muqtada al-Sadr seither als einen Ketzer.

Die allgemeine Sicherheitslage im Irak bleibt aufgrund verstärkter Attacken der Saddam-Loyalisten instabil. Zugleich wächst in breiten Schichten der irakischen Bevölkerung, einschließlich der Schiiten, die Unzufriedenheit mit den Besatzungsmächten. Zwar sind die Schiiten noch immer am meisten geneigt, den angloamerikanischen Truppen aus Dankbarkeit für die Befreiung von der Baath-Diktatur eine Gnadenfrist für die Neuordnung des Landes einzuräumen.

Die wichtigsten schiitischen Kräfte des Irak

	TRADITIONALISTEN (AL-SISTANI-LINIE)	SCIRI
Religiös-politische Orientierung	traditionalistisch-quietistisch, unpolitisch	revolutionär-islamisch
Organisationsform und -grad	kollektives Führungsquartett, mittlerer Organisationsgrad	Dachverband von sechs formal unabhängigen Gruppen; hoher Organisationsgrad
Gründungsdatum und -ort, Gründer	nicht klar zu bestimmen wegen informeller Struktur der Bewegung	1982 in Teheran, Ayatollah Muhammad Baqir al-Hakim (getötet 29. August 2003 in Najaf)
Aktuelle Führer	Ali al-Sistani (als Primus inter pares), Ishaq al-Fayaz, Bashir al-Najafi, Said al-Hakim	Hujjatulislam Abd al-Aziz al-Hakim
Religiöse Mentoren	orientieren sich an aktuellen Führern	Haben Groß-Ayatollah Khamener als »Quelle der Nachahmung« anerkannt.
Hauptquartiere	London	Teheran
Anhängerschaft	traditionalistische Laiengläubige und Religionsgelehrte, schiitische religiöse Mittelklasse	Kleine Anhängerschaft in Nadjaf und Umland dem Stammland der Gelehrtenfamilie al-Hakim
Regionale Machtbasen	Kut, Najaf, Kazimain/ Bagdad, Nasiriyya, Basra	Najaf, Khalis, Khaniqain
Einstellung zur *velayat-e faqih* Irans	ablehnend	vorbehaltslos befürwortend, deren Realisierung wird aus taktischem Kalkül vorerst aufgeschoben
Position gegenüber Besatzung des Irak durch USA und GB	de facto befürwortend	unklar, derzeit taktische Kooperation
Finanzquellen	religiöse Spenden vor allem von der Londoner Al-Khoi-Stiftung	Unterstützung durch iranischen Revolutionsführer und dessen konservative Gefolgschaft (insbesondere die *pasdaran*)
Militärkräfte	nicht vorhanden	Al-Badr-Korps, ca. 10 000 Mann
Politische Ziele	Aufbau eines auf Koran und Scharia gegründeten Staates ohne direkte Machtausübung des Klerus; Haltung zu einem säkularen parlamentarischen System noch unklar	Aufbau eines islamischen Staates nach iranischem Vorbild

Dawa-Partei	Islamische Aktionsorganisation	Sadr-Bewegung
revolutionär-islamisch mit national-irakischer Tendenz	revolutionär-islamisch mit national-irakischer Tendenz	revolutionär-islamisch mit national-irakischer Tendenz
geheime Kaderpartei, straff geführt mit hierarchischer Struktur; hoher Organisationsgrad	geheime Kaderpartei, hoher Organisationsgrad	militante Massenbewegung mit Sektencharakter
1958 in Najaf; Ayatollah Mohammad Baqir al-Sadr u. a.	1961 in Kerbela; Groß-Ayatollah Mohammad al-Shirazi	neunziger Jahre des 20. Jhs. in Najaf; Muqtada al-Sadr (Sohn des im Februar 1999 ermordeten Groß-Ayatollahs Sadiq al-Sadr)
Kollektivführung durch Zentralkomitee	Ayatollah Mohammad Taqi al-Mudarrisi	Muqtada al-Sadr
Shaikh Muhsin Shahrudi (Qom/Iran), Shaikh Mahmud al-Nasiri (Najaf/Irak)	Groß-Ayatollah Sadeq Shirazi (Qom/Iran)	Groß-Ayatollah Kazim al-Haeri (Qom)
Teheran (Nebenhauptquartiere in London und Damaskus)	Teheran (Nebenhauptquartier in Damaskus unter Hadi al-Mudarrisi)	Najaf und Kufa
Religiös orientierte Berufsgruppen der modernen Mittelklasse und Schia-Theologiestudenten	religiös orientierte Berufsgruppen der modernen Mittelklasse und Schia-Theologiestudenten	Massenbasis auf 2 Mio. Personen geschätzt, primär ehemalige Anhänger von Sadr II. aus Schia-Unterschichten
Nasiriyya, Basra	Kerbela	Madinat al-Sadr (vormals Madinat Saddam), Najaf, Kufa
uneinheitlich	kritische Distanz; Wunsch nach deren Ersetzung durch kollektiven klerikalen Führungsrat (*shura al-fuqaha*)	befürwortend (seit Juni 2003)
uneinheitlich	unklar	strikt ablehnend
unbekannt	Hauptgeldgeber Syrien (bis 2000), seither Iran (insbesondere VEVAK)	religiöse Spenden, seit Juni 2003 auch Finanzhilfe aus Iran
Untergrundzellen	Untergrundzellen	»Mahdi-Armee«, im Aufbau begriffen
Aufbau eines islamischen Staates	Aufbau einer islamischen Demokratie nach dem *Shura-al-fuqaha*-Modell von Groß-Ayatollah Mohammad al-Shirazi (gest. 2000)	Aufbau eines islamischen Staates nach iranischem Vorbild, aber regiert durch einen arabisch-irakischen Schia-Kleriker

Die Amerikaner und Briten sind offensichtlich unfähig, Sicherheit, Recht und Ordnung zu garantieren, die Zivilverwaltung und technische Infrastruktur wiederherzustellen und den Irakern das Gefühl zu geben, am Prozess der politischen Neuordnung des Landes beteiligt zu sein, oder mittels eines klaren Zeitplans den Weg zur Selbstbestimmung freizugeben. Dies hat zu einem Anwachsen des Nationalismus und Antiamerikanismus auch unter den Schiiten geführt.

Die Hauptnutznießer dieser nationalistischen Stimmung unter den Schiiten sind radikale Kräfte wie die Sadr-Bewegung. Die Sadr-Bewegung dauerhaft in Schach zu halten und in eine demokratische Nachkriegsordnung einzubinden, wird vermutlich eine der größten Herausforderungen für die USA im Irak werden. Ob das Kalkül der Amerikaner aufgeht, weiterhin auf Großayatollah al-Sistani als insgeheimen potenziellen Verbündeten zu setzen, dessen alles überragende moralische Autorität die USA nutzen kann, um die Schia Iraks in Schach zu halten, muss sich noch erweisen. Al-Sistani ist zwar der Idee abgeneigt, dass Schia-Kleriker Regierungsämter übernehmen. Doch andererseits ist al-Sistani – ebenso wie die politisch radikaleren Schia-Kräfte – ein eiserner Verfechter der Idee, dass die Scharia gemäß der Ausdeutung der schiitischen Rechtsschule als oberste Rechts- und Verfassungsnorm im gesamten Irak durchzusetzen sei, weil die Schia die Majorität stelle. Das dürfte Zündstoff für künftige harte Auseinandersetzungen mit den sunnitischen und christlichen Minderheiten des Irak in sich bergen. Das unnachgiebige Beharren al-Sistanis auf möglichst raschen freien und allgemeinen Wahlen sowie einer verfassungsmäßigen Festschreibung des Islam als Staatsreligion hat die Verwirklichung der US-Pläne für eine prowestliche, demokratisch-pluralistische irakische Nachkriegsordnung bereits stärker behindert, als es Washington lieb sein dürfte.

ANMERKUNGEN

1 Heinz Halm: *Der schiitische Islam*, München 1994, S. 9.
2 Heinz Halm: *Die Schia*, Darmstadt 1988, S. 16.
3 Moojan Momen: *An Introduction To Shi'i Islam*, New Haven 1985, S. 161–171.
4 Zur Schule von Bagdad siehe Heinz Halm: *Die Schia*, Darmstadt 1988, S. 62–73.
5 Heinz Halm: *Der schiitische Islam*, München 1994, S. 113–118.
6 Ebd., 119.
7 Said Arjomand: *The Shadow of God and the Hidden Imam: Religion, Political Order, and Social Change in Shi'ite Iran from the Beginning to 1890*, Chicago 1984, S. 109–112.
8 Monika Gronke: *Geschichte Irans. Von der Islamisierung bis zur Gegenwart*, München 2003, S. 81f.
9 Zur Zand-Dynastie siehe das Standardwerk von Mehdi Roschanzamir: *Die Zand-Dynastie*, Hamburg 1970.
10 Juan Cole: *Sacred Space and Holy War. The Politics, Culture and History of Shi'ite Islam*, London 2002, S. 58–77.
11 Ahmad Kazemi Moussavi: »The Institutionalization of Marja-i Taqlid in the Nineteenth Century Shi'ite Community«, in: *The Muslim World*, July-October 1994, S. 38f.
12 Vgl. Moojan Momen: *An Introduction To Shi'i Islam*, New Haven 1985, S. 185 und S. 338.
13 Zu dieser Kontroverse siehe Werner Ende: »Ehe auf Zeit (*mut'a*) in der innerislamischen Diskussion der Gegenwart«, in: *Die Welt des Islams* (Leiden), Nr. 20, S. 1–43.
14 Wilfried Buchta: *Die iranische Schia und die islamische Einheit 1979–1996*, Hamburg 1997, S. 71–74.
15 Heinz Halm: *Die Schia*, Darmstadt 1988, S. 177f.
16 Zum Muharram-Komplex und den *taziya*-Dramen siehe Heinz Halm: *Der schiitische Islam*, München, S. 73–97.
17 Katajun Amirpur: *Reformen an theologischen Hochschulen? Tendenzen der heutigen Diskussion im Iran*, Köln 2002, S. 12ff.
18 Ebd., S. 6–30.
19 Ayatollah Ruhollah Khomeini: *Der islamische Staat*, Berlin, 1983.
20 Ebd.
21 Vgl. Heinz Halm: *Der schiitische Islam*, München 1994, S. 170.
22 Genauer dazu Wilfried Buchta: *»Die Islamische Republik Iran und die religiös-politische Kontroverse um die marja'iyyat«*, in: *Orient 36*/1995, 3, S. 449–474.

23 Zum Ringen um Reformen zwischen 1997 und 2000 siehe Wilfried Buchta: *Who Rules Iran? The Structure of Power in the Islamic Republic*, Washington 2000, S. 122–207.
24 Zu biografischen Details siehe Wilfried Buchta: *Die iranische Schia und die islamische Einheit 1979–1996*, Hamburg 1997, S. 305–309.
25 Abdolkarim Sorush: *Qabz-o Bast-e Teorik-e Shariat*, Teheran ^{3}1994, S. 493–523.
26 Katajun Amirpur: *Die Entpolitisierung des Islam. Abdolkarim Sorushs Denken und Wirken in der Islamischen Republik Iran*, Würzburg 2002, S. 58–67.
27 Ebd.
28 Yitzhak Nakash: *The Shi'is of Iraq*, Princeton 1994, S. 25–48.
29 CIA World Factbook 2003: *Iraq* (Internet-Version).
30 Juan Cole: *Sacred Space and Holy War. The Politics, Culture and History of Shi'ite Islam*, London 2002, S. 16–30.
31 Wilfried Buchta: »Die Inquisition der Islamischen Republik Iran: Einige Anmerkungen zum Sondergerichtshof der Geistlichkeit«, in: Rainer Brunner (Hg.): *Islamstudien ohne Ende. Festschrift für Werner Ende zum 65. Geburtstag*, Würzburg 2002, S. 69–78.
32 Joyce N. Wiley: *The Islamic Movement of Iraqi Shi'is*, Boulder 1992, S. 55.
33 Zu den Aktivitäten der Stiftung siehe Mu`assasa Imam al-Kho`i (Hg.): *Taqrir mujaz haula ba'd khadamat wa nashatat furu' wa markaz mu'assasa al-Imam al-Khu`i al-khairiya 1989–2001* (Ein Kurzbericht über die Dienstleistungen und Aktivitäten der Zweigorganisationen und des Hauptquartiers der karitativen Imam-al-Khoi-Stiftung 1989–2001), London 2002, S. 71–146.
34 Faleh A. Jabar: *The Shi'ite Movement in Iraq*, London 2003, S. 253.
35 Mehrere ehemalige Mitglieder im SCIRI-Führungsrat, wie Ayatollah Ali al-Taskhiri und Ayatollah Mahmud al-Hashimi Shahrudi, sind ranghohe Regimefunktionäre in Iran geworden. So machte Revolutionsführer Khamenei im August 1999 den ehemaligen SCIRI-Sprecher al-Hashimi Shahrudi zum Chef der Judikative Irans und damit zur Nummer vier in Irans Machthierarchie. Ähnlich einflussreich ist auch al-Taskhiri als Mitglied des vierköpfigen Büros des Revolutionsführers. Ausführlich dazu siehe Wilfried Buchta: *Who Rules Iran? The Structure of Power in the Islamic Republic*, Washington 2000, S. 46f. und S. 192ff.
36 Wilfried Buchta: »Die Mullahs in Iran fürchten um ihre Macht«, in: *Frankfurter Allgemeine Sonntagszeitung*, 27. 4. 2003, S. 3.
37 ICG Middle East Briefing: *Iraq's Shiites under Occupation*, Bagdad/Brussels, 9. September 2003, S. 15.
38 Mahan Abedin: »The Sadrist Movement«, in: *Middle East Bulletin*, July 2003.
39 Faleh A. Jabar: *The Shi'ite Movement in Iraq*, London 2003, S. 184.
40 So die Ansicht von Juan Cole: »The Iraqi Shiites. On the History of America`s Would-Be Allies«, in: *Boston Review*, October/November

2003 Issue (Internet-Version, http://www.bostonreview.net/BR28.5/cole.html).

41 Siehe ausführlich zur Ermordung von al-Sadr die Berichterstattung in *Al-Hayat* (London), 21. Februar 1999, S. 1; *Al-'Alam* (London), 27. Februar 1999, S. 8–11; *Al-Wasat* (London), 1. März 1999, S. 10–15.

42 *Al-Hayat* (London), 29. 4. 2003.

43 Selbst der ehemals designierte Nachfolger Khomeinis, Groß-Ayatollah Hosein Ali Montazeri, verwirft die Befolgung von *fatwas* verstorbener Groß-Ayatollahs: siehe Hazrat-e Ayatollah 'Ozma Montazeri: *Risalat Tauzih al-Masa'il*, Teheran 2001, S. 21.

DER AUTOR

Wilfried Buchta, geboren 1961, studierte Islamwissenschaft, Politologie und Religionswissenschaft an der Friedrich-Wilhelms-Universität Bonn, wo er 1997 in Islamwissenschaft promovierte. Seit 1990 führten ihn mehr als ein Dutzend längere Feldforschungsreisen in zahlreiche Länder der islamischen Welt, darunter Irak, Ägypten, Kuwait, Jordanien, Libyen, Saudi-Arabien, Pakistan, Syrien. Vor allem aber reiste er regelmäßig in den Iran, wo er seit 1992 bislang eineinhalb Jahre Feldforschung betrieb. Wilfried Buchta war von 1998 bis 2001 Landesbeauftragter der Konrad-Adenauer-Stiftung für Marokko mit Dienstsitz in Rabat und von 2001 bis 2002 Projektdirektor des Mittelostprogramms von ICG (*International Crisis Group*) mit Sitz in Amman/Jordanien. Er ist Lehrbeauftragter für Islamwissenschaft am Institut für Asien- und Afrikawissenschaften der Humboldt-Universität in Berlin und wissenschaftlicher Mitarbeiter am Deutschen Orient-Institut (DOI) in Hamburg.

Wilfried Buchtas Forschungsschwerpunkte sind zeitgeschichtliche Themen im Zusammenhang mit soziopolitischen und religiösen Bewegungen im Iran, im Irak und in der Schia. Er ist Verfasser zahlreicher wissenschaftlicher Aufsätze in Anthologien und islamwissenschaftlichen und politologischen Fachzeitschriften sowie mehrerer Bücher über die Islamische Republik Iran. Sein Werk *Who Rules Iran? The Structure of Power in the Islamic Republic* hat in akademischen Fachkreisen der angelsächsischen Welt und Europas große Beachtung erlangt und wurde 2003 auch vom *Emirates Centre for Strategic Studies* in Abu Dhabi ins Arabische übersetzt.

REGISTER

Abbasiden 18f, 25
adala 57
adhan 58
Afghanistan 113
Afrika 25
Agha Khan 25
Agha Mohammad 41
Ahl-e Haqq 24
Ahmad Schah 74
akhbaris 41f
Alawiten 24f
Ali Ibn Abi Talib 14, 16f, 64, 80
Ali Zain al-Abidin 18
al-Allama al-Hilli 32, 41
alim (Plur. *ulama*) 28f, 35, 51
amal 98
Amal 27
Ansari, Mortasa 44
aql 30
Araki, Mohammad Ali 89
al-Asad, Baschar 25
al-Asad, Hafiz 25
Aschkari-Stamm 27
ashura 61
al-Askari, Hasan 22, 64
atabat 40, 64, 69
Atatürk, Kemal 75
Ayatollah 44f

Baath-Partei 101f, 105, 109
Babismus 52f
Badr-Korps 110, 112
Bagdad 19, 27, 30f, 65
Bahaismus 53
Bahaullah 53
Bahrain 42, 96f
Bakr, Abu 14ff, 58
Banu-Haschim-Sippe 13
Baqir al-Hakim, Muhammad (Sadr I.) 109ff
al-Baqir, Muhammad 18
Basra 16, 27
Bazar 54
Bazargan, Mehdi 82
Bekleidungsvorschriften 75ff, 116
Borujerdi, Husain Ali 44, 47, 77
Bremer, Paul 103
Buyyiden 28ff, 64, 67

Chalabi, Ahmad 102, 118
Christen 63
CPA 103, 111f

Dawa-Partei 105, 107, 121
Deutschland 76
al-Din, Muzaffar 55
al-Din Rumi, Jalal 93
Dschingis Khan 31

Fadlallah, Muhammad Husain 99f
Faiziyya 47, 69
faqih (Plur. *fuqaha*) 29, 85
Fasten 58
Fath Ali Schah 54
Fatima 15, 17
al-Fayaz, Ishaq 108
fiqh (Plur. *fuqaha*) 29, 58, 71f
Frau 60, 75, 78, 91, 116
Fünferschiiten 25
Fünft 37, 49, 54, 69

Gefolgschaftspflicht 46
Genussehe 59
Ghadir-Fest 58
ghaiba 23
al-Ghazali, Muhammad 93
ghuluw 24, 61
Großbritannien 25, 54, 73ff, 102
Groß-Ayatollah 43ff

al-Hadi, Ali 22, 64
hadithe 12, 57, 60
Hairi, Abdul-Karim 46
al-Hakim, Abd al-Aziz 110ff
al-Hakim, Muhsin 47f, 100, 105, 109
Hasan 16f
Hashimiten 97, 102
hauza ilmiyya 51, 68ff
hijra 13
Hilla 32, 41
Hizbullah 98f
Hujjatulislam 44f

Hülagu 31
Husain 16ff, 61ff
Hussein, Saddam 7

ibadat 58
ijtihad 32ff
Imamat 11, 20, 21, 57
Imamiten 12
Indien 25
Irak 7, 10f, 15, 36, 38, 96, 98, 106ff, 120f
Iran 10, 25, 36, 73ff
INC 102, 118
Isfahan 39
IRP 86
IAO 105, 107, 121
Islamische Republik 82
Ismail 35
Ismailiten 25
Israel 77

al-Jawad, Muhammad 22, 63
Juden 63

kafan 66
Kashefi, Kamaloddin Hosein Waez 67
al-Kazim, Musa 19, 38, 64
Kazimiyya 37
Kerbela 18, 27, 37, 41, 61, 66, 96
Khamenei, Ali 79, 86ff, 100, 103f
kharij 72
Khatami, Mohammad 79, 90ff, 94f
al-Khoi, Abd al-Majid 101, 107ff
al-Khoi, Abolqasem 48, 100f, 105, 107f, 114
Al-Khoi-Stiftung 107, 109
al-Khoi, Taqi 107
Khomeini, Ahmad 88
Khomeini, Ruhollah 7, 48, 77ff, 97, 99, 105
Khorasan 40
Khumm 58
khums 37, 49, 54, 69
Klerus 12, 54, 81ff
Koreisch 13
Krieg Iran-Irak 84, 99, 105
Kufa 16f, 27,
al-Kulaini, Muhammad 30
Kut 127

Landreform 78
Libanon 7, 36, 61, 96, 98
Luristan 24

maad 57
madhab 18
madrasas 68
Mahdi, Armee des 118
al-Mahdi, Muhammad 22f, 49
al-Mamun 19, 22
Manichäer 63
marja al-taqlid 43, 50, 85
marjaiyyat 43
Märtyrer 63f
Maschhad 19, 37, 40
mashrutiyyat 73
al-Masuma, Fatima 22, 27, 69
Medina 14, 16
Mekka 13, 23
molla 36f
Montazeri, Husain Ali 87f
Mosaddeq, Mohammad 76
Muawiya 16f
Muhammad 13f, 52, 57f
Muharram 39, 61, 63, 65f
mujtahid 33f, 43f, 46, 54, 72ff
muqaddima 72
muqallid (Plur. muqallidun) 35, 46
al-Murtaza, Scharif 30
al-Mutasim 22

Nadir Schah 40
Najaf 17, 27, 37, 41, 44, 46, 48, 51, 68, 78, 96, 105, 108
al-Najafi, Bashir 108
Najafi, Muhammad Hasan 44
naql 30
Nasir ad-Din Schah 53f
nubuwwa 57

Osmanen 102

Pahlavi-Dynastie 38, 73ff
Pahlavi, Mohammad Reza 47, 66f, 76, 79, 82
Pakistan 25, 61
Partei Alis 16
Parther 63
pasdaran 84
Passionsriten 12, 39, 61, 67, 77
pax islamica 13

Pilgerfahrt 39, 59
Prophetengenossen 14, 60

Qadscharen 38, 41, 51, 53, 67, 74
al-Qaida 112f
Qom 31, 37, 51
Quelle der Nachahmung 43, 50, 85
al-Qummi, ibn Baboye 30

Rafsanjani, Akbar Hashemi 79, 88ff
al-Rashid, Harun 19
rauza-khan 67
Revolutionsführer 83
Reza Schah 74ff
al-Rida, Ali 19, 64, 69
Rote Schia 80
Russland 54, 73f, 76

al-Sadr, Muhammad Sadiq (Sadr II.) 114ff
al-Sadr, Muhammad Baqir (Sadr I.) 105, 114, 117
Sadr, Abolhasan Bani 83
al-Sadr, Muqtada 109, 112, 114, 117ff
al-Sadr, Sayyid Musa 98
Sadr-Bewegung 107, 109, 118, 121f
Safawiden 35ff, 60, 65, 80
safir (Plur. *sufara*) 23
sahaba 11, 14, 60
salat 58
Samara 37
Sassaniden 63
sath 72
Saudi-Arabien 96f
sayyid 48
Sayyid, Ali Mohammed 52f
Schiraz 41
Schirazi, Mirza Muhammad Hasan 44, 55
Hilla 27
Schwellen, hl. 40, 64, 69
Seldschuken 67
seyyed s. *sayyid*
sharia 59, 122
Shariati, Ali 78f
Shariatmadari, Kazim 85
shahid (Plur. *shuhada)* 63
sharif 48
shiat Ali s. Partei Alis
Sidon 27
Siebenerschiiten s. Ismailiten
al-Sistani, Ali 106, 108, 118ff
Sorush, Abdolkarim 93
sunna 11, 24
Sunniten 11, 24, 31, 57ff
SCIRI 107, 109ff, 118ff
Syrien 16, 24, 25

Tabakprotest 55f
Tabatabai Yazdi, Muhammad Kazim 46
Tabriz 35
talaba 69
tarjih 34
tauhid 57
tawwabun 62
taziya 67f
Teheran 51
Madina al-Thaura 115
thiqatoleslam 45
Türkei 24, 75, 78
Turkmenistan 19, 52
al-Tusi, Nasir al-Din 68
Tyros 27

Übertreibertum 24, 61
ulama s. *alim*
Umar 14, 60
Umayya, Banu 15
Umayyaden 15f, 25
umma 11, 13
UN 115
USA 76f, 82f, 102
usuli 41
Uthman 11, 15, 16

velayat-e faqih 83, 94
Verborgenheit 23

Wächterrat 86
Waffenhandel 78
Weiße Revolution 78

Yazid 17

zaidiyya s. Fünferschiiten
Zand, Karim 41
Ziyara 64
Zwölferschiiten 24